重ね着&上下コーデも楽しめる

おしゃれな犬のお洋服

うちの子に作りたい！ コート・トップス・ボトムス・マナーアイテム・小物　全 21 items

商用OK!

Contents

P.4	A	Gジャン
P.5	B-1	パンツ／レザー
P.6	C	フルジップジャージ
P.7	D-1	チュールフリルスカート
P.8	E	フレンチブルドッグのためのトレンチコート
P.9	B-2	パンツ／ニットジャカード
P.10	F	ファーベスト
	G	タートルネックワンピース
P.11	H	レイヤード風シャツワンピース
P.12	I	ヨークフリルワンピース
P.13	J	お食事用スヌード
P.14	K	サロペットパンツ
P.15	L	シャーリングブラウス
	M	ジャンパースカート
P.16	N	ボーダーカットソー
P.17	B-3	パンツ／チノ
	D-2	デニムフリルスカート
P.18	O	フードつきニットアウター
P.19	P	ダブルボタンコート
P.20	Q	スタンダードプードルのためのロンパース
P.22	R	イタリアングレーハウンドのためのハイネックコート
P.23	S	ペチパンツ
P.24	T	かぼちゃロンパース
P.25	U	カフェマットにもなるお出かけスリング

P.26　モデル犬の Profile
P.28　生地と素材
P.29　道具について
P.30　サイズの測り方・選び方・ヌード寸法表
P.31　型紙補正の仕方
P.33　作品 O「フードつきニットアウター」を作りましょう
P.36　ポイントプロセス解説
P.39　作品の作り方

OUTER

A Gジャン
P.4 　小型犬／イタリアングレーハウンド

C フルジップジャージ
P.6 　小型犬

E フレンチブルドッグのためのトレンチコート
P.8 　フレンチブルドッグ

F ファーベスト
P.10 　小型犬

O フードつきニットアウター
P.18 　小型犬／フレンチブルドッグ／ミニチュアダックスフンド

P ダブルボタンコート
P.19 　小型犬

R イタリアングレーハウンドのためのハイネックコート
P.22 　イタリアングレーハウンド

TOPS

L シャーリングブラウス
＊P.25 作品 U でも着用
P.15 　小型犬

N ボーダーカットソー
P.16 　小型犬／フレンチブルドッグ／ミニチュアダックスフンド／イタリアングレーハウンド

＊無地の天竺ニットで製 P.14 作品 K で着用
Arrange

各作品の対象犬を表記しています

個人の範囲での販売活動に限り、本書掲載の作品の商用利用が可能です（ただし、作り方ページや型紙の複製や販売は不可）。詳しくは最終ページをごらんください。

BOTTOMS

B パンツ　小型犬／フレンチブルドッグ／ミニチュアダックスフンド／イタリアングレーハウンド

B-1 レザー
P.5

B-2 ジャカードニット
P.9

B-3 チノ
P.17

デニム
Arrange　＊P.25 作品 U で着用

D フリルスカート

D-1 チュール
P.7　小型犬

D-2 デニム
P.17　小型犬

K サロペットパンツ
P.14　小型犬

M ジャンパースカート
P.15　小型犬

S ペチパンツ
P.23　小型犬

DRESS & ROMPERS

I ヨークフリルワンピース
P.12

 for 小型犬

 for スタンダードプードル

 for 小型犬
＊P.23 作品 S で着用　Arrange

G タートルネックワンピース
P.10　小型犬

H レイヤード風シャツワンピース
P.11　小型犬

Q スタンダードプードルのためのロンパース
P.20　スタンダードプードル

T かぼちゃロンパース
P.24　小型犬　ショート丈　ロング丈

DOG GOODS

J お食事用スヌード
P.13　小型犬／ミニチュアダックスフンド／スタンダードプードル

U カフェマットにもなるお出かけスリング
P.25　小型犬（〜5kg）

A

ポイントプロセス解説つき

Denim jacket

Gジャン

How to make : P.40

どんなウエアとも相性抜群のGジャン。
身頃の切り替えやベルトなど、
縫い合わせるパーツが多いので
できあがり線を写しておくと
縫いズレなくきれいに仕上がります。

生地／NAGATO　資材／清原、クロバー

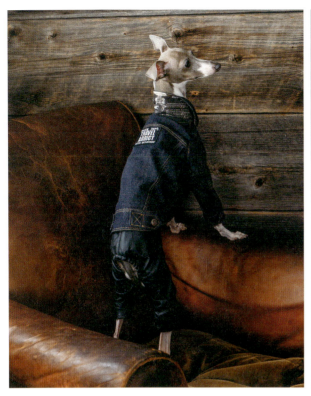

B-1

ポイント
プロセス
解説つき

Pants / Leather

パンツ　レザー

How to make : P.46

動きやすいストレッチ素材なら
合皮でカッコいいパンツも作れます。
パンツは、単体だと脱げてしまうので
アウターにひびかない薄い生地でトップを作り、
吊りズボンのように仕立てるのがポイントです。

Full zip track jacket

フルジップジャージ

How to make : P.50

フェミニンなスカートと合わせた
甘辛コーデがおしゃれなジャージは、
オープンファスナーを使用した本格派。
袖のラインやファスナーつけなどは、
ゆがむと目立つので、ていねいに仕立てて。

資材／キャプテン

D-1　Frilled tulle skirt
チュールフリルスカート

How to make : P.43

白ドットとピンクのチュールを使い、
たっぷりとフリルを重ねたスカートは
まるでバレリーナがまとうチュチュのよう。
チュールは布端始末がいらないので、
初心者さんでも手軽に作れます。

E

Trench coat
for French Bulldog

フレンチブルドッグのための
トレンチコート

How to make : P.52

飾りえりやベルトをあしらい
ディテールに凝ったデザインですが
袖つけのないマント型で、思いのほか簡単。
着せるときも羽織らせるだけなので、
足を上げるのが難しくなった
お年寄りのワンコも
ラクに着られます。

B-2

Pants / Knitted jacquard

パンツ ジャカードニット

How to make : P.46

ウエストベルトやポケットをつけてアクセントに。
フレブルをはじめ、なで肩の犬種のインナートップは、
ズレ落ちないようタンクトップ仕様にします。

F

Fur vest

ファーベスト

How to make : P.54

存在感のあるフェイクファーベストは
暖かいうえに着映え間違いナシ！
袖がなく着脱もしやすいので
冬のお出かけ時にさっと羽織らせたりと
体温調節にも役立つ便利アイテムです。

G

Turtleneck dress

タートルネックワンピース

How to make : P.48

後ろ身頃のギャザー切り替えや
袖口と裾のトーションレースが、
品のあるかわいさを演出するワンピース。
生地の伸縮性が中程度のウールニットだと
縫うときに扱いやすく、仕上がりもキレイ。

H

Layered shirt dress

レイヤード風シャツワンピース

How to make : P.55

ニットベストと布帛(ふはく)のシャツを組み合わせた
重ね着風のおしゃれを楽しめるワンピース。
パリジェンヌをイメージして、
トリコロールカラーのリボンや
エッフェル塔のモチーフをあしらいました。

Frilled yoke dress

ヨークフリルワンピース

How to make : P.58

ヨークと裾にぐるりとフリルを施した
スタンダードプードルとトイプードルの
おそろいワンピース。
大型犬は裾にゴムを入れることで
フリルが形よく、ふんわりと広がります。

J

Snood for mealtimes

お食事用スヌード

How to make : P.79

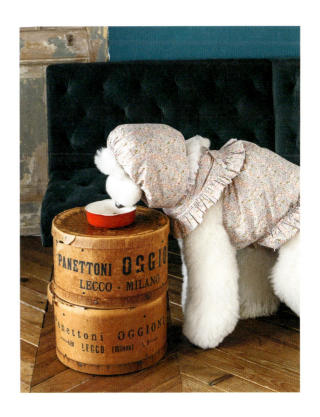

大型犬、小型犬ともに毛足や耳の長い子は
フードボウルに毛や耳が入らないよう、
ヘアアクセサリーの着用がおすすめ。
写真のスヌードは筒状に縫うだけと簡単！
前後の目印につけた首元のレースもかわいい。

K

Overalls

サロペットパンツ

How to make : P.62

子ども服みたいにかわいい着こなしが叶う、
ヒッコリーデニムのサロペットパンツ。
頭を通し両脇を面ファスナーでとめるだけと、
シニアのワンちゃんも無理なく着られます。
カットソーは、作品 をシンプルな無地で作製。

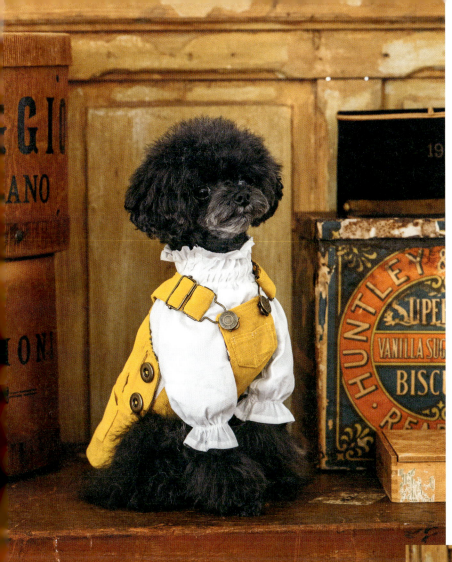

L

Shirred blouse

シャーリングブラウス

How to make : P.61

えりのクシュクシュッとした
シャーリングがキュートなデザイン。
ソフトな伸縮性のゴムテープを
えり布に縫いつけて形作ります。
縫い方は38ページで解説しています。

M

Jumper dress

ジャンパースカート

How to make : P.64

作品Kのパンツ部分をスカートにアレンジ。
スカート部分は背中を覆うだけなので
伸縮性がない生地でも大丈夫。
写真のようにコーデュロイで作るなら
厚すぎず、縫いやすい細コールを選んで。

L＝生地／リバティジャパン　資材／クロバー　M＝生地／CHECK&STRIPE　資材／清原、クロバー

N

Striped T-shirt
ボーダーカットソー

How to make : P.68

袖口や裾にリブのつかない
人間の大人服さながらのデザイン。
どんなボトムスにも合わせやすい
ベーシックなカットソーだから
デイリーウエアに重宝すること請け合いです。

D-2
Frilled denim skirt
デニムフリルスカート
How to make : P.43

作品 D-1 をデニムでカジュアルアレンジ。
フリルは切りっぱなしでもほつれにくい
バイアス裁ちにしたので仕上がりも軽やか。
インナートップはかわいいレースニットで、
そのままワンピースとしても着られます。

B-3
Pants / Chino
パンツ（チノ）

ポイントプロセス解説つき

How to make : P.46

同じパンツのパターンでも、
素材を変えて作ればコーデの幅が広がります。
インナートップは目立ちにくいよう
毛の色に合わせても。

B-3＝生地／NAGATO、ねこの隠れ家　資材／キャプテン、クロバー　D-2＝生地／生地のお店ブロート、ねこの隠れ家　資材／キャプテン、クロバー

オールプロセス解説作品

Hooded knit jacket
フードつきニットアウター

How to make : P.33

袖のないベストは秋から春先まで大活躍。
後ろ身頃の裾にゴムを入れることで、
ふっくらと形よく仕上がるうえに
背中から風が入り込まず、防寒性もアップ。
縫い方は 33 ページで詳しく解説しています。

生地／CHECK&STRIPE、NAGATO　資材／キャプテン、清原、クロバー

Double breasted coat
ダブルボタンコート

How to make : P.70

ギャザーやくるみボタンがかわいい、
冬のイベントに着せてあげたい、おめかしコート。
ウールの生地を選ぶときは
Sサイズまでは動きやすい薄地が向き、
Mサイズ以上はシルエットが保てる厚地がおすすめ。

Rompers for Standard Poodle

スタンダードプードルのための
ロンパース

How to make : P.66

友達と遊ぶのが大好きな、スタンダードプードル。
ドッグランへお出かけするときは、
ロンパースを着るとケガや汚れの防止に。
上下で生地を切り替えれば、
パンツコーデ風のスタイルが完成します。

High collar coat for Italian Greyhound

イタリアングレーハウンドのためのハイネックコート

How to make : P.72

T字の形をした前身頃が背中まで伸び、
巻きつけるようにとめるデザインで
よく動くイタグレも着崩れの心配ナシ。
作品はウールで仕立てましたが、
気軽に洗えるコーデュロイで作っても。

資材／キャプテン、クロバー

S Pettipants
ペチパンツ

How to make : P.76

おむつやマナーベルトの上から
はかせる実用的なマナーパンツも
手作りしておしゃれに！
寝るときにからだが冷えないよう、
パジャマ代わりとしても使えます。

ワンピースの裾から
ペチパンツが見える感じもかわいい。
ワンピースは作品Jと生地違いで、
ヨークの後ろあきを
前にアレンジしています。

Pumpkin rompers
かぼちゃロンパース

How to make : P.74

おむつの上からも着られるロンパース。
前身頃はゴムシャーリング入りでよく伸び、
シニアの子にも着せやすくなっています。
丈はお好みですが、パンツに慣れていないなら
裾が気にならないショート丈がおすすめ。

ショート丈

ロング丈

生地／CHECK&STRIPE　資材／クロバー

U Dog carrier sling that doubles as a café mat

カフェマットにもなる
お出かけスリング

How to make : P.77

ワンちゃんが心地よく過ごせるよう、
柔らかなヌビキルトで仕立てたスリングは
飛び出し防止用のリードつき。
バッグ口が円形のように大きく開き、
そのままマットとして使えて便利です。

作品 L のブラウスにデニムで作った B のパンツをコーディネート。

Dog models
モデル犬のProfile

この本に登場しているモデル犬のサイズを紹介。
洋服のサイズ感の目安になります。

作品 A and B-1

チャンタくん　chanta
トイプードル

首まわり 25cm	背丈 30cm
胴まわり 35cm	体重 3.1kg
股下（前） 15cm	着用サイズ
股下（後） 17cm	S

作品 A, B-1 and R

すみれちゃん　sumire
イタリアングレーハウンド

首まわり 22cm	背丈 35cm
胴まわり 42cm	体重 3.8kg
股下（前） 18cm	着用サイズ
股下（後） 21cm	S

作品 C, D-1 and U

ベロくん　bero
トイプードル

首まわり 23cm	背丈 28.5cm
胴まわり 34cm	体重 2.8kg
股下（前） 14cm	着用サイズ
股下（後） 16cm	SS

＊作品Cは着丈を1.5cm長く、袖を1cm長く。
　作品D-1は着丈を1.5cm長く。

作品 F, G, L and M

丹々ちゃん　tantan
トイプードル

首まわり 19cm	背丈 23cm
胴まわり 31cm	体重 1.9kg
股下（前） 11cm	着用サイズ
股下（後） 13cm	SSS

作品 E and B-2

ナナちゃん　nana
フレンチブルドッグ

首まわり 38cm	背丈 32cm
胴まわり 60cm	体重 10.5kg
股下（前） 9cm	着用サイズ
股下（後） 13cm	M

作品 E and B-2

ヤエちゃん　yae
フレンチブルドッグ

首まわり 36cm	背丈 30cm
胴まわり 56cm	体重 9.2kg
股下（前） 10cm	着用サイズ
股下（後） 14cm	M

作品 H

リリちゃん　riri
ヨークシャーテリア

首まわり 20cm	背丈 22cm
胴まわり 29cm	体重 1.9kg
股下（前） 10cm	着用サイズ
股下（後） 12cm	SSS

作品 H

ネネちゃん　nene
ヨークシャーテリア

首まわり 20cm	背丈 22cm
胴まわり 27cm	体重 1.8kg
股下（前） 10cm	着用サイズ
股下（後） 12cm	SSS

＊首まわりを1cm小さく。

作品 I

ぱふこちゃん　pafuko
トイプードル

首まわり 22cm	背丈 24cm
胴まわり 34cm	体重 2.7kg
股下（前） 13cm	着用サイズ
股下（後） 15cm	SS

作品 I and J

うふこちゃん　ufuko
スタンダードプードル

首まわり 38cm	背丈 52cm
胴まわり 73cm	体重 19.5kg
股下（前） 30cm	着用サイズ
股下（後） 39cm	S

＊胴まわりを5cm大きく。

作品 K

杏くん　ann
トイプードル

首まわり 25cm	背丈 28cm
胴まわり 38cm	体重 3.3kg
股下（前） 11cm	着用サイズ
股下（後） 14cm	S

作品 N and B-3

十八くん　towa
ミニチュアシュナウザー

首まわり 32cm	背丈 33cm
胴まわり 51cm	体重 9kg
股下(前) 19cm	着用サイズ
股下(後) 20cm	LL

作品 N and D-2

寿ちゃん　suzu
ミニチュアシュナウザー

首まわり 25cm	背丈 29cm
胴まわり 41cm	体重 5kg
股下(前) 16cm	着用サイズ
股下(後) 17cm	M

作品 O

ふうまくん　fuma
ミニチュアダックスフンド

首まわり 25cm	背丈 35cm
胴まわり 35cm	体重 3.7kg
股下(前) 6cm	着用サイズ
股下(後) 9cm	DS

作品 O

のえるくん　noel
ミニチュアダックスフンド

首まわり 27cm	背丈 37cm
胴まわり 39cm	体重 5.2kg
股下(前) 7cm	着用サイズ
股下(後) 10cm	DM

作品 P

来瞳ちゃん　kurumi
ヨークシャーテリア

首まわり 22cm	背丈 25cm
胴まわり 36cm	体重 3.1kg
股下(前) 12cm	着用サイズ
股下(後) 13cm	SS

＊胴まわりを2cm大きく、着丈を2cm短く。

作品 Q

アンジーちゃん　angie
スタンダードプードル

首まわり 36cm	背丈 50cm
胴まわり 65cm	体重 19.4kg
股下(前) 32cm	着用サイズ
股下(後) 49cm	S

＊胴まわりを3cm大きく、前身頃を3cm長く。

作品 R

あおばくん　aoba
イタリアングレーハウンド

首まわり 29cm	背丈 38cm
胴まわり 49cm	体重 6.2kg
股下(前) 18cm	着用サイズ
股下(後) 22cm	M

作品 S

クレアちゃん　crea
トイプードル

首まわり 27cm	背丈 34cm
胴まわり 40cm	体重 4.2kg
股下(前) 18cm	着用サイズ
股下(後) 20cm	M

＊胴まわりを2cm小さく。

作品 T

いるかちゃん　iruka
マルチーズ

首まわり 22cm	背丈 24cm
胴まわり 33cm	体重 1.9kg
股下(前) 10cm	着用サイズ
股下(後) 12cm	SSS

＊胴まわりを2cm大きく。

作品 T

くじらくん　kujira
マルチーズ

首まわり 19cm	背丈 23cm
胴まわり 27cm	体重 1.2kg
股下(前) 9cm	着用サイズ
股下(後) 11cm	SSS

＊胴まわりを4cm小さく、
　首まわりを2cm小さく、着丈を1cm短く。

Cloth & Material
生地と素材

本書の作品で使用した生地や資材の中から、特徴的なものをピックアップしてご紹介します。

🐾 トップスやボトムスで使用した生地

ジャージ

弾力があり型崩れしづらいスムース生地で、「ポリエステルジャージ」や「スポーツジャージ」の名でも販売。厚地は伸びに欠け、縫いづらいので注意（作品に使用した生地は厚み約0.1cm）。

● ポリエステル4段スムースニット

(▶C/P.6)

インナー

パンツやスカートのインナートップスは、重ね着せやすい薄地でフィット感のあるストレッチ素材が向く。メッシュは伸縮の少ないスポーツ用は避ける。

● ソフトメッシュ

(▶B-1/P.5、B-2/P.9、B-3/P.17)

● ジャージカットワークレース

(▶D-1/P.7、D-2/P.17、S/P.23)

パンツ

デニムから合皮まで、ストレッチタイプであればさまざまな種類が向く。小さいサイズの場合は厚地だと動きづらくなるため、薄地を選ぶ。

● 合皮

(▶B-1/P.5)

● チノ

(▶B-3/P.17)

● ヒッコリー

(▶K/P.14)

● ジャカードニット

(▶B-2/P.9)

● デニム

(▶B-アレンジ/P.25)

🐾 リブやパイピングで使用した生地

使うのは主にスパンフライスとスパンテレコ

犬の洋服のえりぐりや袖ぐり・袖口、裾につける付属ニットを、身頃の布端に縫いつければ〝リブ〟。布端をくるむようにつければ〝パイピング〟に。主に『スパンフライス』と『スパンテレコ』を使うが、フライスは表面が平ら、テレコには畝がある。リブは好みでどちらを選んでもよいが、パイピングは基本的にフライスを使用。ただし、どちらも身頃の生地の厚みにより番手を使い分ける。

リブ

スムースニットや薄いミニ裏毛ニットには40番手、厚みのある生地には30番手を選ぶ。身頃の共布を使う場合は、生地の伸縮性に注意。

● 40番手スパンフライス

● 30番手スパンテレコ

パイピング

薄手のフライスを使う。身頃の生地が薄ければ60番手、厚ければ40番手を使う。

● 60番手フライス

ストレッチトーションレース

ゴム入りで伸縮性の高いトーションレース。通常時と比較して約2倍まで伸びる。リブ代わりに使えば、異なる雰囲気が楽しめる。

通常時 / 目いっぱい引っ張った状態

(▶G/P.10)

🐾 副資材

● 接着芯

生地の補強や、ハリを持たせてキレイに仕上げたい箇所に貼る。布帛は薄地用、ニット生地はニット用を選ぶ。

● 伸び止めテープ

ニット生地やウールは、裾の伸びを防ぐ目的や、伸縮率の異なる生地を縫い合わせる際にストレッチタイプを貼る。

● ソフトゴム

本書での使用は4コール（約0.3cm幅）。メーカーによって微妙に伸び率が異なるため、犬種やデザインで2メーカーを使い分けている。

● 面ファスナー

柔らかな面（凹）と硬い面（凸）を合わせるとくっつく、面状のファスナー。必要なサイズでカットできるシートタイプがいい。

Tool
道具について

犬の洋服を作るときに使用する、主な道具をご紹介します。

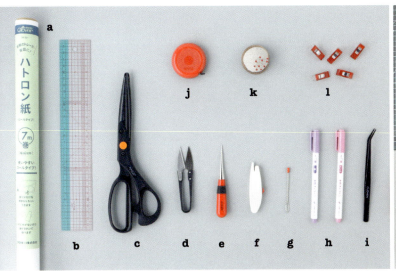

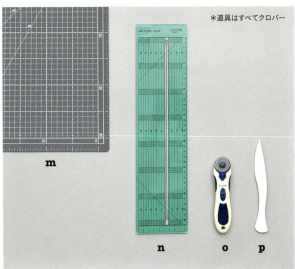

＊道具はすべてクロバー

🐾 必要な道具

a	ハトロン紙	付録の実物大型紙を写すときに必要。
b	定規	型紙を写すときや長さを測るとき、線を引くときに使用。方眼のラインが入っていると、縫い代をつけるのに便利。30〜40cmのものが使いやすい。
c	裁ちバサミ	生地を裁つための専用のハサミ。
d	糸切りバサミ	糸を切るための専用のハサミ。
e	目打ち	ダーツやポケット位置の印つけ、角を出すときなどに使用。
f	リッパー	糸をほどくときなどに使用。
g	ひも通し	ゴムテープを通すときに使用。
h	チャコペン	生地に印をつけるときに使用。印が残らない、水で消えるタイプや時間がたつと消えるタイプがおすすめ。あらかじめ、布端で試すと安心。
i	ピンセット	布帛と比べてすべりにくい、ニット地やリブをミシンで縫う際の布送りに使用。
j	メジャー	採寸や布の用尺などを測るのに使用。
k	まち針・ピンクッション	パーツ同士を縫い合わせる際、ズレずにぴったりと合わせたい箇所の固定などに使用。ピンクッションに刺しておくとサッと使えて便利。
l	仮止めクリップ	通常のパーツ同士の固定に。また、リブを引っ張りながら身頃に合わせる作業の際も、片手で手軽にとめられるクリップがおすすめ。

🐾 あると便利な道具

m	カッティングマット	ロータリーカッターなどで生地をカットする際、下に敷いて使う。机に傷などがつくのを防ぐことができる。
n	テープカット定規	バイアステープを裁つのに便利な45度の角度線入り。ロータリーカッターを併用すれば、中央の溝に刃が入って、まっすぐカットできる。
o	ロータリーカッター	生地を正確にカットしたい、バイアステープを作る際におすすめ。定規に沿わせて使用すると、素早くキレイにカットできる。
p	ヘラ	布帛で作る際、生地にできあがり線を写しておくほうがキレイに縫える。チャコペンでもいいが、色残りが気になる場合はヘラで印をつける。

針と糸は何を使えばいいの？

ミシン針

普通地から薄地の場合は11番の針を選び、厚地の場合は14番を選ぶ。ニット生地を縫う場合は、写真のようなニット専用針を使う。

ミシン糸

ニット生地を縫う場合は、ニット布地専用の糸(50番)を使用する。ちなみに、布帛とニットを縫い合わせる場合も、ニット用の糸で大丈夫。

Size サイズの測り方・選び方

下記を参照して採寸をし、ヌード寸法表をもとにわが子にぴったりのサイズを選びましょう。

測る場所

①② 首まわり
首輪の下にくる、つけ根のいちばん太いところを測ります。②の位置ではなく、太いほうの①を選ぶようにしましょう。

③ 胴まわり
前脚の脇の下、いちばん太いところを測ります。

④ 背丈
首のつけ根①からしっぽのつけ根までを測ります。首の上のほう②から測るとサイズが変わるので、注意。

⑤ 股下
足裏の2~4cm上から脚のつけ根までの長さを測ります。
＊足裏からの距離はサイズや犬種によって異なります（右コラム内の表参照）。

ヌード寸法を測るときの注意点
1 必ず立たせた状態で測ります。
2 毛をギュッと押さえつけないようにしましょう。

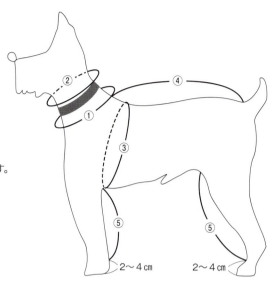

サイズ選びの優先順位

優先 ←

背丈④　胴まわり③　首まわり①

背丈、胴まわり、首まわりが別々のサイズに該当する場合は背丈を優先します。

サイズ選びで悩んだときは…
サイズの大小に悩むときは、大きいサイズを選びましょう。例えば背丈24.5cmのワンちゃんがSSS（背丈：22~24cm）とSS（背丈：25~27cm）で迷ったら、SSの型紙を使います。

なぜ股下を測るの？
袖口にフィット感のあるリブがついていないカットソーやパンツは、丈が長すぎると動きづらくなります。股下の長さと型紙の丈を照らし合わせて調整すると、ぴったりのサイズに仕上がります。

⑤を測る際の足裏からの距離

	SSS	SS (DSS)	S (DS)	M (DM)	L	LL
小型犬	2cm	2cm	2cm	3cm	3cm	3cm
Mダックス		2cm	2cm	2cm		
フレブル・イタグレ			3cm	3cm	3cm	
SDプードル			4cm	4cm	4cm	

ヌード寸法表（単位＝cm）

対応犬種：小型犬
チワワ、トイプードル、ヨークシャーテリア、マルチーズ、ミニチュアシュナウザーなど

	SSS	SS	S	M	L	LL
首まわり	19-21	20-22	22-25	25-28	28-31	31-34
胴まわり	29-31	32-34	35-38	39-42	43-46	47-50
背丈	22-24	25-27	27-29	30-31	32-34	34-36

ミニチュアダックスフンド

	DSS	DS	DM
首まわり	22-24	24-27	27-30
胴まわり	33-36	37-40	41-44
背丈	33	35	38

対応犬種：フレンチブルドッグ

	S	M	L
首まわり	32-36	36-40	40-43
胴まわり	50-54	55-59	60-64
背丈	30	32	34

イタリアングレーハウンド

	S	M	L
首まわり	22-24	24-26	26-28
胴まわり	41-43	44-46	47-50
背丈	35	38	41

スタンダードプードル

	S	M	L
首まわり	39-40	41-43	44-47
胴まわり	65-69	70-74	75-79
背丈	51-53	55-58	60-64

※本書掲載作品のできあがりサイズは、動きやすく着心地がいいよう、ヌード寸法にゆとりを加えています（作品ごとにゆとりの幅は異なります）。

Pattern adjustment
型紙補正の仕方

採寸すると〝背丈はSでも胴まわりはM〟という場合も。
下記の方法を参照し、部分的にサイズが異なる体型に合わせて型紙を補正しましょう。

🐾 胴まわりを大きくする場合 *背丈で選んだサイズの型紙を用意して補正します。

● 後ろ身頃で

〔大きくする寸法×2/3〕cm 広げる

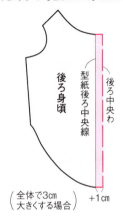

（全体で3cm 大きくする場合）　+1cm

後ろ中央線を外側へ平行移動して広げます。

例えば…全体で3cm大きくする場合、後ろ身頃で広げる寸法は2cm。型紙は半身（図は中央わ）なので、後ろ中央線を1cm外側に移動。

● 前身頃で

〔大きくする寸法×1/3〕cm 広げる

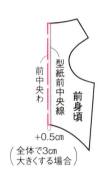

+0.5cm
（全体で3cm 大きくする場合）

前中央線を外側へ平行移動して広げます。

例えば…全体で3cm大きくする場合、前身頃で広げる寸法は1cm。型紙は半身（図は中央わ）なので、後ろ中央線を0.5cm外側に移動。

Point

● **えりぐりは補正する？**
胴まわりを型紙中央線で補正するとえりぐり寸法も併せて変わるため、特に補正の必要はありません。胴まわりを大きくした場合に首まわりが大きくなりすぎるときは、P.32を参照してリブの長さを調整しましょう。

● **袖ぐりは補正する？**
袖ぐりの補正は複雑なため、この本では行いません。脚の太さは胴まわりに比べ、体型の変化によってあまり変わらない傾向が。胴まわりの調整のみでOKです。

● **胴まわりはどこまで調整できる？**
背丈で選んだサイズをもとに胴まわりが調整できるのは、ワンサイズ差まで（背丈がSSの場合はSまで）。2サイズ差がある場合は、背丈と胴まわりそれぞれに該当するサイズの中間（背丈SSで胴まわりMならS）を選び、着丈を短く、胴まわりを大きく調整しましょう（小さくする場合も同様）。

🐾 胴まわりを小さくする場合 *背丈で選んだサイズの型紙を用意して補正します。

● 後ろ身頃で

〔小さくする寸法×2/3〕cm 縮める

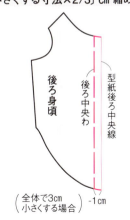

（全体で3cm 小さくする場合）　-1cm

後ろ中央線を内側へ平行移動して縮めます。

例えば…全体で3cm小さくする場合、後ろ身頃で縮める寸法は2cm。型紙は半身（図は中央わ）なので、後ろ中央線を1cm内側に移動。

● 前身頃で

〔小さくする寸法×1/3〕cm 縮める

-0.5cm
（全体で3cm 小さくする場合）

前中央線を内側へ平行移動して縮めます。

例えば…全体で3cm小さくする場合、前身頃で縮める寸法は1cm。型紙は半身（図は中央わ）なので、後ろ中央線を0.5cm内側に移動。

● えりぐりのラインを修正

引き直す / 型紙を縮めた部分

前後ともに中央線を内側に移動することで、えりぐりのカーブがきつくなる場合が。図のように肩線をカットし、なだらかになるよう、線を引き直します。このとき、前後の肩の寸法をそろえるのを忘れずに。

＊引き直す際、元のえりぐり線をなだらかなカーブの参考にする（図は前身頃。後ろも同様に）。

着丈を短くする場合
＊P.31で表記したように背丈と胴まわりで2サイズ差がある場合や、好みに合わせて補正します。

●裾のカーブを避けて短くする

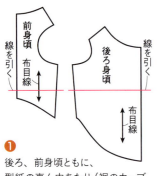
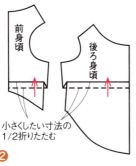
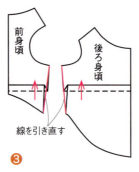

❶ 後ろ、前身頃ともに、型紙の真ん中あたり（裾のカーブにかからない脇位置）で、布目線に対して垂直な線を引きます。

❷ ①で引いた線の位置で、短くしたい寸法の1/2分だけ型紙を裏側に折りたたみます。

❸ 折りたたんでズレた脇線がつながるよう線を引き直します。

> **Point**
> ●着丈はどのくらい短くできる？
> 基本は3cmまで。フレブルは例外で、お尻の位置によっては洋服が汚れないように3cm以上短くしてもOK。
>
> ●着丈は長くもできる？
> 胴回り優先で小さなサイズを選び着丈を長くすると、動きづらくなる可能性があるので、おすすめしません。

●パンツや袖の丈を長く・短くする場合
＊袖も同様。パンツは背丈と胴まわり優先でサイズを選び、丈を調整する（丈で選ぶと、ももやお尻が入らないので注意）。

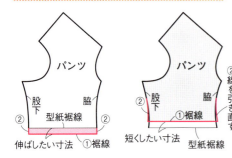

① 長く・短くする寸法分、型紙裾線を下・上に平行移動します（裾幅は変えない）。

② ①の裾線両端と股下、脇線を自然につなげます。短くする場合は、カーブがなだらかなところから引き直してつなげます。

＊長くする場合は、歩きづらくなければ好みの丈までOK。短くする場合は小型犬SSS〜Mは3cm・L〜LLは4cm、イタグレは2cm、スタンプーは10cmまでが目安。フレブルとダックスは、すでに短い丈に設定した型紙のため不向き。

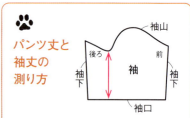

パンツ丈と袖丈の測り方

パンツ丈は股下線を測ります。袖丈は図のように袖山のカーブのいちばん低いところから袖口までを測ります。

胴まわりを補正したら…
胴まわりの補正により、えりぐりや裾幅も変わります。そこにつけるリブやえりなどは、以下のように調整します。

●リブの調整

▶ **胴まわりを大きくしたとき**
えりぐりや裾幅が広がっても、リブは伸縮性があるので、寸法は変えなくてOK。えりぐりのリブの締まりすぎが気になるなら、0.5〜1cmリブを長くしても。

▶ **胴まわりを小さくしたとき**
えりぐりや裾幅のサイズが小さくなると、リブがゆるくなるので表示寸法より0.5cm短くします。様子を見ながら1cmまで短くしてOK。

●えりの調整
＊図は作品Pのえり。作品A・Eの場合も同様。

▶ **胴まわりを大きくしたとき**

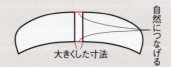

▶ **胴まわりを小さくしたとき**

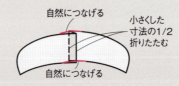

胴まわりで変えた寸法と同じ長さを型紙中央線から左右均等に広げ（もしくは縮め）、自然につながるよう線を引き直します。

●フードの調整

▶ **胴まわりを大きくしたとき** ▶ **胴まわりを小さくしたとき**

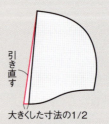

図のように胴まわりで変えた寸法の1/2の長さ分、つけ側の線を延長し（もしくは縮め）、頂点とつなげて線を引き直します。

作品 0 「フードつきニットアウター」を作りましょう

Photo：P.18

＊材料表示にあるアルファベットは生地・資材の取り扱い先を表しています（P.80 参照）。
＊わかりやすいよう作品とは違う生地を使用し、糸の色を変えて解説しています。
＊写真内の数字の単位はすべてcmです。

● 裁ち合わせ図

* ▨ は伸び止めテープを貼る
* 縫い代は指定以外1cm
* ◆＝各サイズの用尺は材料表示参照

〈身頃布・裏布〉

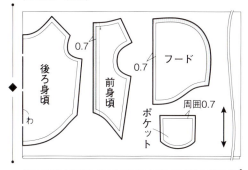

実物大型紙
小型犬	C面
フレブル	C面
Mダックス	C面

できあがりサイズ (cm)

小型犬	首まわり	胴まわり	着丈
SSS	26	39	24
SS	27.5	43	27.5
S	30.5	47.5	29
M	32.5	50	31
L	34.5	54.5	33
LL	37	60	35

フレブル	首まわり	胴まわり	着丈
S	38	61	30
M	43	67	33.5
L	46.5	72.5	35.5

Mダックス	首まわり	胴まわり	着丈
DSS	31	46	33.5
DS	32	47.5	35
DM	34	52.5	39

● ゴムテープ寸法表　＊前裾は2本

小型犬	後ろ裾	前裾
SSS	7.5	5.5
SS	8.5	6.5
S	9	7
M	9	7.5
L	9.5	8.5
LL	11	9

フレブル	後ろ裾	前裾
S	10	9
M	12	10
L	14	11

Mダックス	後ろ裾	前裾
DSS	8.5	8.5
DS	9	9
DM	10.5	9.5

材料 (cm)

- 身頃表布　C&Sぽこぽこウールニット（P.18写真上　左／くるみ、右／ライトグレー）d
- 身頃裏布　ダブル幅ネルチェック（P.18写真上　左／赤、右／ブルー）f

小型犬 フレブル Mダックス	表布140cm幅	SSS 35	SS 35	S 40	M 40	L 45	LL 45
	裏布138cm幅	S 50		M 55		L 60	
		DSS 50		DS 55		DM 60	

● その他

- 1.2cm幅伸び止めテープ ⓐ　SSS 75cm／SS～S 85cm／M～LL 100cm
- ソフト替えゴム（4コール）ⓒ　SSS～SS 30cm／S～M 35cm／L～LL 40cm
- ウッドボタン 合板 ライン　2cm径を5個、1.5cm径を1個 ⓑ
- スナップボタン
  小型犬 SSS～S 1.2cm径 4組／M 1.2cm径 5組／L～LL 1.4cm径 5組
  フレブル S～L 1.4cm径 4組
  Mダックス DSS～DS 1.2cm径 4組／DM 1.4cm径 5組

🐾 裁断と縫う前の準備

＊ポイントの印つけは、生地が裂けてこないようにノッチ（切り込み）ではなく、チャコなどで印つけをする。

🐾 裁断

1. 必要なパターンを付録の型紙からハトロン紙などに写し取り、裁ち合わせ図に表示の縫い代をつけてカットします（布目線や合い印も書き込む）。

2. 生地の上に縫い代つき型紙を配置します（一度全ての型紙を置いて布が足りるか確認）。まち針やウエイトなどで型紙を固定し、裁断します。

Point

伸びづらい裏布にできあがり線を書くのがおすすめ。伸びやすいニット地の表布と縫い合わせる際の目印になり、きれいに仕上がります。

🐾 伸び止めテープを貼る

前端（2枚）とフード中央（左右どちらか1枚）に伸び止めテープを貼ります。

🐾 ポイントの印つけ

前身頃のフードつけ位置、後ろ身頃の中央（えりぐり・裾）と裾のゴムテープつけ位置に印をつけます。

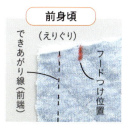

- パーツ同士を合わせる際は表布が厚地のため、しっかりとまるクリップがおすすめ。
- 中央や肩線など、ぴったりとめたいところはまち針を使います。
- とめる順番は ①中央→②両端や肩線→③その間 の順にします。

1 肩を縫う

1 表布の前身頃、後ろ身頃の肩を中表に合わせて縫います。このとき、必ずできあがり線で合わせ※、縫い代はアイロンで割ります（裏布も同様）。

※前後で袖ぐりのカーブが異なるため、縫い代で合わせるとゆがむので注意。

2 フードを作り、表身頃につける

1 表フード2枚を中表に合わせて中央を縫い、縫い代を2枚一緒に右フード側に倒します。

2 表に返し、右フード側のはぎ目にステッチをかけます。

3 裏フードも1と同様に縫い、伸びづらい生地のため縫い代は切り込みを入れて割ります。

※切り込みは1.5cm間隔で深さ約0.6cm。

4 表、裏フードを中表に合わせ裏布側を見ながら周囲をとめます。裏布をやや引き気味に、なじませながらとめるのがコツ。

※中央はまち針、そのほかはクリップでとめる。

5 裏布側を見ながら周囲を縫います。

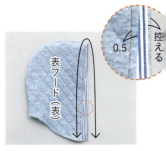

6 表に返し、周囲にステッチをかけます。このとき、裏布を0.1〜0.2cm控えると仕上がりがキレイ。

7 裏布側を見ながらフードつけ側を仮どめします。

8 表身頃に表フードを重ねて縫います。

3 身頃を縫う

1 表、裏身頃を中表に中央、両端、肩線を合わせてえりぐりを縫います（2-8の縫い目に重ねるように縫う）。

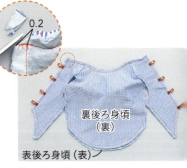

2 裏布側を見ながら前端をとめてそれぞれ縫い、えりぐりの角の縫い代をカットします。

3 袖ぐりも前端と同様にそれぞれ縫い（できあがりまで縫う）、縫い代に切り込みを入れます。

4 後ろ身頃から手を入れ、肩から前身頃を引き出します。反対側も同様にし、表に返します。

5 左右ともにえりぐりの角に目打ちを差し込み、角を出して整えます。

6 表、裏身頃同士の前後脇を中表に合わせてまち針でとめます。このとき、袖ぐりのはぎ目は前後でぴったりと合わせます（裏布の片脇には返し口も残す）。

※返し口は、小型犬（全サイズ）とMダックスは8.5㎝、フレブルは10㎝。

7 表、裏身頃の脇をそれぞれ縫いますが、続けず別々に縫って、はぎ目の縫い代を縫い残します（裏布は返し口も縫い残す）。縫い代は割ります。

Point はぎ目の縫い代を縫わずにおくことで脇の下がゴロつかず、袖の可動域も広がって動きやすくなります。

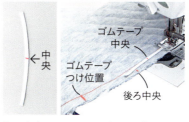

8 表、裏身頃の裾を中表に合わせて縫います（フードはよける）。

4 裾にゴムテープをつける

1 中央に印をつけたゴムテープの片端を表後ろ身頃裾のゴムテープつけ位置の印に合わせ、3針縫って返し縫いをします。

2 ゴムテープを伸ばして後ろ裾と中央同士を合わせ、中央まで伸ばした状態で縫います。残りはテープ端がゴムテープつけ位置より約0.5㎝はみ出すように伸ばすと縫いやすい。

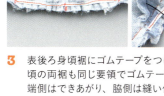

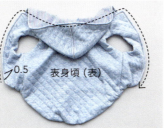

3 表後ろ身頃裾にゴムテープをつけたところ。前身頃の両裾も同じ要領でゴムテープをつけます（前端側はできあがり、脇側は縫い代までつける）。

5 仕上げる

1 返し口から表に返して（奥側から引き出すのがコツ）返し口をとじ、前端とえりぐりに0.5㎝幅のステッチをかけます。

2 裾をアイロンで整え、後ろ裾のカーブ部分の表、裏布を表側に糸が出ないよう手縫いでとめます（表布が裏布側に引き込まれず着崩れない）。

※手縫いははぎ目位置で玉どめをすると目立たない。

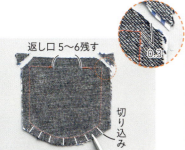

3 表、裏ポケット布を中表に合わせて縫います。角の縫い代をカットし、底に切り込みを入れて表に返します。

※返し口は、フレブルは6㎝、そのほかは全て5㎝。

4 ポケット口に0.5㎝幅のステッチをかけて身頃のポケットつけ位置に重ねづけし、飾りボタンをつけます。

※ポケットの重ねづけは表、裏布の浮きを抑える効果もある。

5 型紙のボタンつけ位置に写真のようにスナップボタンをつけ、同じ位置の表左前身頃には飾りボタンをつけます。

完成！

ポイントプロセス解説

作品をキレイに仕立てるコツを写真つきで詳しく解説します。

えりの作り方

作品 A・E・P

＊写真は作品Pのえり。

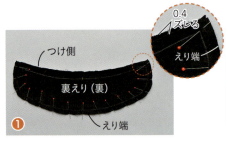

❶ 裏えり（裏）にできあがり線の印をつけ、表・裏えりのえり端を中表に合わせてまち針でとめます（えり先は裏えりを引き気味にして表えりと合わせる）。つけ側はズレてOK。

❷ つけ側を残して裏えりのできあがり線を縫い、カーブ部分の縫い代に切り込みを入れます。

❸ 表に返して裏えり側を約0.1cm控えるように整え、えり端に0.3～0.4cm幅のステッチをかけます。

❹ 表、裏えりのつけ側の布端をぴったり合わせてまち針でとめます（表えりのみがたるみ、裏えりはたるまない状態になる）。

❺ 裏えり側を見ながら、つけ側を縫って仮どめします。

Point
表えり側をあえてたるませることで、えりを折り返した際にそり返ることなく、きれいに仕上がります。

袖のつけ方（長袖・ラグラン袖共通）

袖下の縫い方

＊写真はラグラン袖。長袖も同じ要領。

❶ 袖下を中表に合わせて縫います。このとき、袖とリブのはぎ目がズレないよう（❷の写真参照）、まち針でとめます。

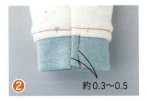

❷ リブの縫い代を後ろ袖側に倒し、ステッチをかけます。ステッチをかけることで、袖口が丸く、キレイな形に仕上がります。

身頃と袖の縫い合わせ方

長袖

 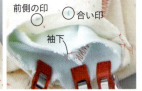

❶ 身頃と袖の前側の印を確認し、①前身頃の合い印と袖下、②肩線と袖山をそれぞれ合わせ、クリップでとめます（脇と袖下のはぎ目はズレてOK）。

❷ 袖の中をのぞくようにしながら、袖ぐりを縫います（縫い代は2枚一緒に縁かがりミシンで始末する）。

ラグラン袖

❶ 身頃と袖の前側の印を確認し、身頃と袖の両端、前身頃の合い印と袖下をそれぞれ合わせてクリップでとめます。

❷ 袖の中をのぞくようにしながら、袖ぐりを縫います（縫い代は2枚一緒に縁かがりミシンで始末する）。

Point

長袖

ラグラン袖

犬の足は胴体から垂直に下りているため、脇と袖下のはぎ目をそろえると動きづらくなります。あえてはぎ目をズラし、着用時に身頃から袖が垂直に下りるようにつけます。

🐾 ゴムテープの通し方

パンツ・スカートの前身頃裾
全犬種共通
作品 B・D・S

＊ほつれやすい生地は、裾の縫い代に縁かがりミシンをかける（メッシュはほつれにくいので不要）。

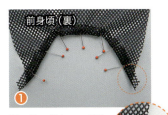
❶ 裾の縫い代を二つ折りにして中央、両端、その間の順にまち針でとめて縫い、脇の余分な縫い代をカットします。

❷ 仕上がり寸法に合わせてゴムテープに印をつけます（写真はSサイズ13cm）。
※テープはカットせず、余裕を持たせた長さを用意すると通しやすい。

❸ ゴムテープを通し、片端を脇に縫いとめます。続けてテープを引いて反対側の脇と❷の印を合わせて縫いとめ、余分なテープをカットします。

パンツ
小型犬
作品 B

❶ 脇～お尻まわりにゴムテープを通し、さらに、調整用ゴムテープ口からそれぞれテープを少し引き出します。

❷ ❶で引き出したゴムテープを左右ともに中央へ向けてしごき、なじませます（はぎ目からはぎ目のお尻回りは縮まず、ゆるく行き渡るイメージ）。

❸ 写真のように左右のはぎ目のところでステッチをかけ、ゴムテープを縫いとめます。

❹ ゴムテープを引き絞り、はぎ目から上を縮めてまち針でとめます（二つ折りにして足が垂直に下りるまでが目安）。

❺ 調整用ゴムテープ口をとじ、ゴムテープ端を三重のステッチでそれぞれ縫いとめて余分をカットします。

パンツ
フレブル・イタグレ Mダックス
作品 B

※写真はイタグレのパンツ。

❶ 型紙を確認し、合い印をつけます。

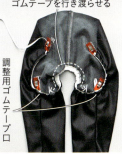
❷ 小型犬❶・❷を参照して脇～お尻まわりにゴムテープを通し、合い印位置を縫いとめます。

❸ 左右ともにゴムテープを軽く引き絞り、写真のようにはぎ目のところでステッチをかけて縫いとめます。

❹ 小型犬❹・❺を参照してはぎ目から上を縮めて縫いとめ、ゴムテープの余分をカットします。

Point
フレブル・イタグレ・Mダックスは、足の形や長さ、運動量などから小型犬に比べて服が脱げやすいです。そのため、二段階に分けてゴムテープを引き絞り、よりフィット感のある仕上がりにします。

37

ゴムシャーリングの縫い方　作品 L・T

＊写真は作品Lのえり。

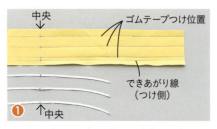

❶ えり布はゴムテープつけ位置と中央に、ゴムテープは中央と両端に印をつけます。
※テープ両端の印はねじれ防止の目印。

❷ 外側のつけ位置の端にテープ端を3針縫って返し縫いをしてとめ、中央同士を合わせて中央まで伸ばした状態で縫います。

❸ 残りも伸ばして縫いますが、テープ端がつけ位置より約1cmはみ出すように伸ばすと布端まで縫いやすい（写真右は1本縫えたところ）。

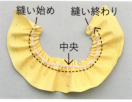

❹ 2本め以降も同様に縫います。このとき、先に縫った1本の縫い終わり側からスタートし、縮まった生地もピンと伸ばしながら縫います（写真右は3本縫えたところ）。

Point

ゴムテープ3本を同じ方向で縫いつけると斜行するので注意。縫う方向を互い違いにすることでバランスよくきれいに仕上がります。

肩ひも・袖ぐりパイピングのコツとゴムテープの通し方　作品 T

パイピングのコツ

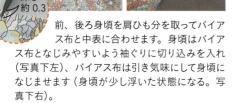

前、後ろ身頃を肩ひも分を取ってバイアス布と中表に合わせます。身頃はバイアス布となじみやすいよう袖ぐりに切り込みを入れ（写真下左）、バイアス布は引き気味にして身頃になじませます（身頃が少し浮いた状態になる。写真下右）。

袖ぐりゴムテープの通し方

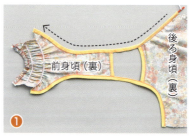
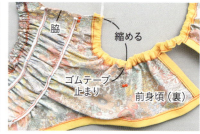

❶ 後ろ身頃端から前身頃端までパイピングにゴムテープを通し、引き絞って前身頃の袖ぐりを縮めてまち針でとめます（たわんだシャーリングのテープがまっすぐになるまで。❸参照）。

❷ バイアステープの端とゴムテープ止まりの合い印位置をそれぞれステッチで縫いとめます。

❸ 後ろ身頃側のゴムテープを思いきり引っ張り、その状態のままカットします（テープがパイピングの中に引き込まれる）。反対側も同様にします。

Handmade clothes for your beloved dog

重ね着&上下コーデも楽しめる
おしゃれな犬のお洋服
❀
作品の作り方

作り方に関するおことわり

- 作り方のページではフレンチブルドッグ=フレブル、イタリアングレーハウンド=イタグレ、ミニチュアダックスフンド=Mダックス、スタンダードプードル=スタンプーと表記しています。

- 図中の数字の単位はcmです。

- 用尺は幅×長さの順で表記してあります（リブ・パイピング布の寸法表含む）。
  ご使用の生地が指定の生地幅と異なる場合や、柄合わせをして裁断する場合は
  表記の用尺と変わることがあります。

- ゴムテープは作業のしやすさから、あらかじめ指定寸法にカットせず、
  指定寸法に印をつけて長い状態のまま縫いつけたり通したりすることをおすすめします。
  そのため、材料表示のゴムテープの長さは多めに表示しています。
  また、縮ませ具合や好みによっても必要用尺が変わりますので、調整してください。

- 材料表示にある ⓐ～アルファベットは、生地・資材の取り扱い先を表しています。
  P.80と併せてご確認ください。

- 裁ち合わせ図の配置は小型犬Sサイズ（小型犬が該当しない作品では、該当犬種のMサイズ）
  を基準に作成しているため、ほかのサイズでは配置に違いが生じる場合があります。
  あらかじめ生地に全ての型紙を配置し、確認してから裁断してください。

- 実物大型紙には縫い代がついていません。
  裁ち合わせ図を参照し、指定の縫い代をつけてください。

- リブやパイピング布、直線のみのパーツは、型紙がないものもあります。
  作り方ページにある寸法表や裁ち合わせ図の表示を参照し、ご自身で型紙を作るか
  生地に直接線を引いて（指定の縫い代をつける）、裁断してください。

- この本で表示のできあがりサイズのうち、首まわりは身頃のえりぐり寸法、
  着丈は裾のリブ（もしくはパイピング）を含んだ寸法を表示しています。

A Photo : P.4
Gジャン

実物大型紙
小型犬　A面
イタグレ　D面

できあがりサイズ（cm）

小型犬	首まわり	胴まわり	着丈
SSS	23	36	20
SS	24	39	22.5
S	28	43	25.5
M	30.5	49	29
L	30.5	51.5	30.5
LL	34	56	32

イタグレ	首まわり	胴まわり	着丈
S	25.5	47.5	34.5
M	26	50	35.5
L	29.5	55	39

バイアス布寸法（cm）

小型犬	えり		イタグレ	えり
SSS	2.8 × 22		S	2.8 × 27
SS	2.8 × 24		M	2.8 × 28
S	2.8 × 26		L	2.8 × 31
M	2.8 × 30			
L	2.8 × 31			
LL	2.8 × 35			

材料（cm）

● 身頃表布　デニム（ストレッチタイプ・反応染め11オンス）

小型犬	170cm幅	SSS 30	SS 30	S 30	M 35	L 40	LL 40
イタグレ	170cm幅		S 40		M 40		L 45

● 身頃裏布　シャーティング

小型犬	110cm幅	SSS 20	SS 20	S 25	M 25	L 30	LL 30
イタグレ	110cm幅		S 25		M 25		L 25

● その他
  ● 接着芯　SSS～SS 30×40cm／S～M 40×45cm／L～LL 40×50cm
  ● ソフト替えゴム（4コール）　SSS～SS 20cm／S～LL 25cm
  ● 1.5cm径ジーンズスナップボタン　9個
  ● ワッペン

裁ち合わせ図

* □は接着芯を貼る
* 縫い代は指定以外0.7cm
* 寸法は左から小型犬（SSS/SS/S/M/L/LL）
  イタグレ（S/M/L）サイズ
* ◆=各サイズの用尺は材料表示参照

☆=小型犬（13.3/15.5/16.3/18.3/19.4/20.8）
イタグレ（16.7/17.5/18.5）

★=小型犬（2.8/3.2/3.4/3.7/3.7/4）
イタグレ（3.4/3.8/4）

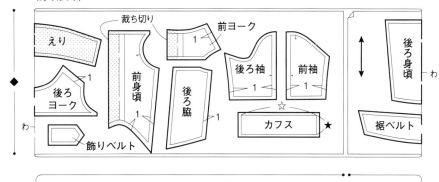

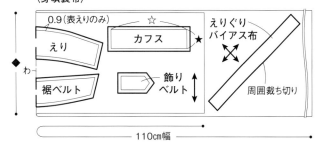

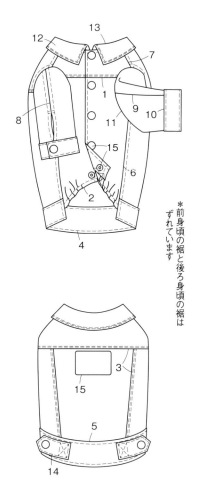

*前身頃の裾と後ろ身頃の裾はずれています

作り方

縫う前の準備
- 表えり、前身頃、前ヨークの見返しに接着芯を貼る。
- 前端、前身頃裾、袖切り替え線に縁かがりミシンをかける。

1. 前ヨークを縫う。
2. 前身頃の裾を縫う。
3. 後ろ脇と後ろヨークを縫う。
4. 裾ベルトを作る。
5. 裾ベルトをつける。
6・7. 身頃の脇、肩を縫う(P.69-**4・5**参照)。
8. 袖を作る。
9. 袖下を縫う(P.69-**7**参照)。
10. カフスを作り、つける。
11. 袖をつける(P.69-**8**参照)。
12. えりを作る。
13. えりを身頃につけ、えりぐりをバイアス始末にする(P.71-**9**参照)。
14. 飾りベルトを作り、つける。
15. ボタン、ワッペンをつける。

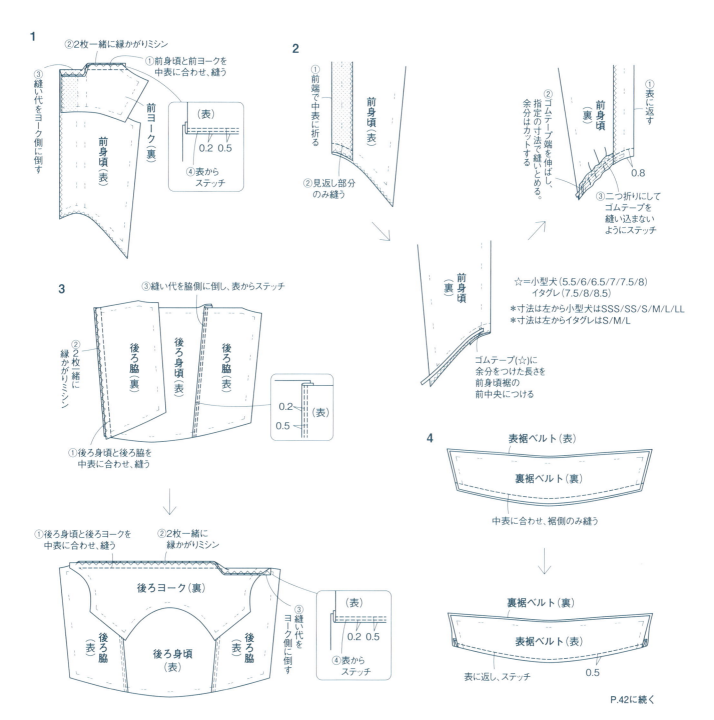

P.42に続く

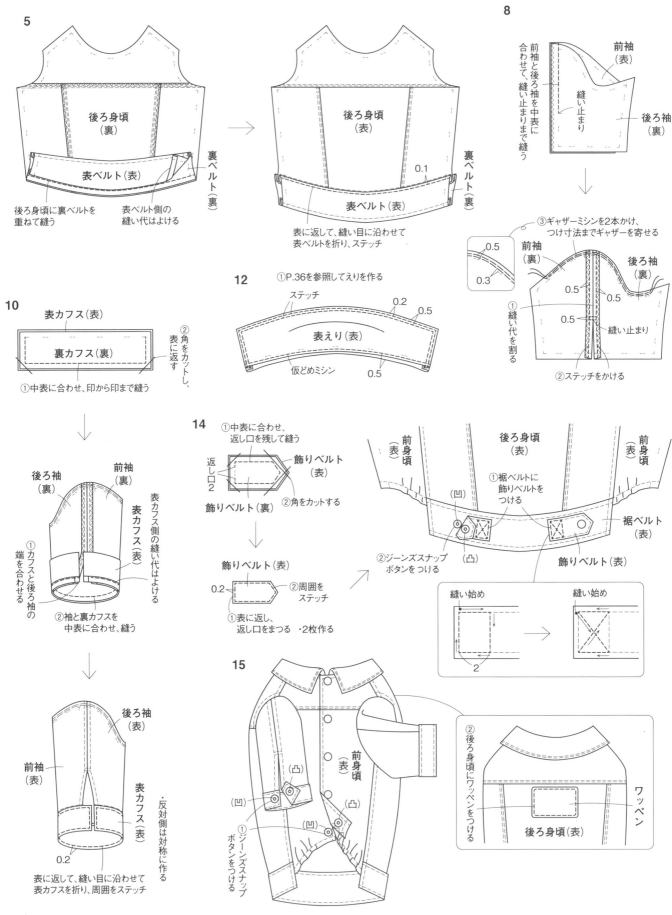

D

Photo P.7・17

フリルスカート

実物大型紙 A面

D-1 チュール

D-2 デニム

できあがりサイズ (cm)

小型犬	首まわり	胴まわり	着丈
SSS	21.5	31.5	23
SS	23	35	26
S	24	40	29
M	27	43.5	30.5
L	30.5	46.5	33
LL	31.5	51.5	34.5

材料 (cm)

- 身頃布　ジャージカットワークレース (オフ白)

96cm幅	SSS 20	SS 25	S 25	M 25	L 30	LL 30

- P.7／D-1 土台スカート布　綿ブロード (白)　30×20cm
- P.7／D-1フリルa布　ドットチュール ソフト (白)　95×25cm
- P.7／D-1フリルb布　30Dチュール (ピンク)　95×20cm
- P.17／D-2土台スカート布・フリル布　[岡山の児島デニム] 4.5オンスムラ糸デニム (インディゴブルー) 148cm幅×70cm ⓘ

- パイピング布　付属スパンフライス 60 (オフ白) ⓗ

42cm(W)幅	SSS 15	SS 15	S 15	M 15	L 15	LL 15

- その他
  - 1.2cm幅伸び止めテープ ⓐ
    SSS〜SS 30cm／S〜M 35cm／L〜LL 40cm
  - ソフト替えゴム (4コール) ⓒ　SSS〜M 20cm／L・LL 25cm

裁ち合わせ図

* ▨ は伸び止めテープを貼る
* 縫い代は指定以外1cm
* パイピング布の寸法は表参照
* ◆=各サイズの用尺は材料表示参照

〈身頃布〉

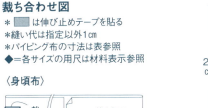

作品D-1〈フリル布a〉

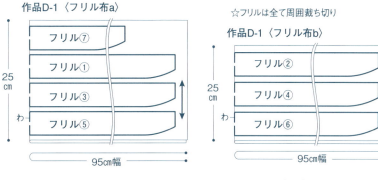

☆フリルは全て周囲裁ち切り

作品D-1〈フリル布b〉

作品D-1〈スカート布〉

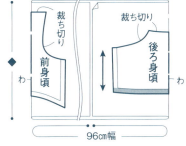

作品D-2〈スカート布・フリル布〉

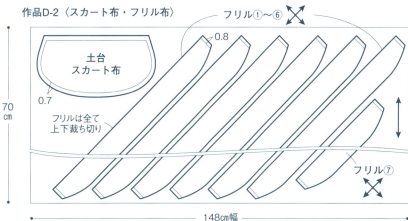

〈パイピング布〉
前えりぐりパイピング布

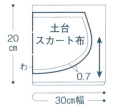

袖ぐりパイピング布
袖ぐりパイピング布
後ろえりぐりパイピング布

筒状になっているのを切り開く

パイピング布(バイアス布)のはぎ方

P.44に続く

パイピング布各寸法（cm）

小型犬	前えりぐり	後ろえりぐり	袖ぐり（2枚）
SSS	5.5 × 4.3	7 × 4.3	21 × 4.3
SS	6 × 4.3	8 × 4.3	22 × 4.3
S	6 × 4.3	8 × 4.3	25 × 4.3
M	7 × 4.3	9 × 4.3	27 × 4.3
L	8 × 4.5	10 × 4.5	30 × 4.5
LL	8.5 × 4.5	11 × 4.5	32 × 4.5

作り方

縫う前の準備
- 後ろ身頃の裾に伸び止めテープを貼る。
- 前身頃の裾、土台スカートの裾、フリル脇（Bのみ）に縁かがりミシンをかける。

1. えりぐりをパイピングする。
2. 前身頃の裾を縫う。
3. 土台スカート布を作る。
4. フリルを作る。
5. フリルを土台スカートにつける。
6. スカートを後ろ身頃につける。
7. 袖ぐりをパイピングする。
8. 身頃の脇を縫う。

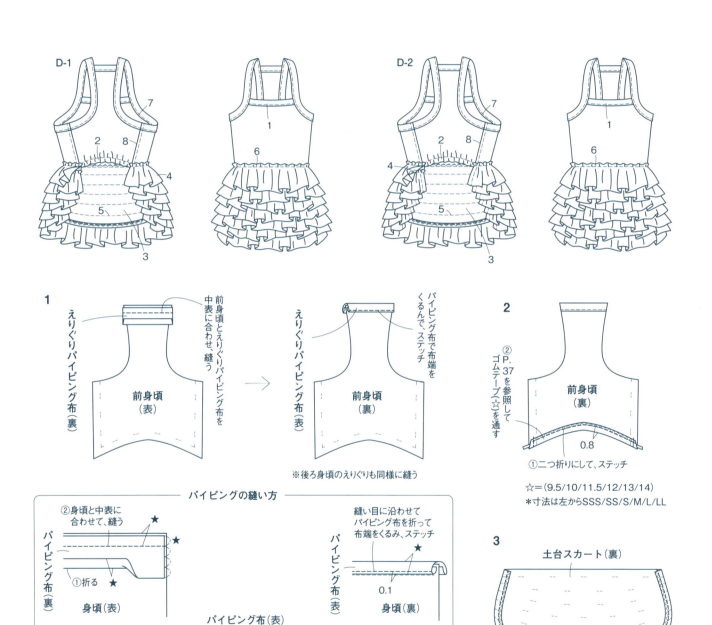

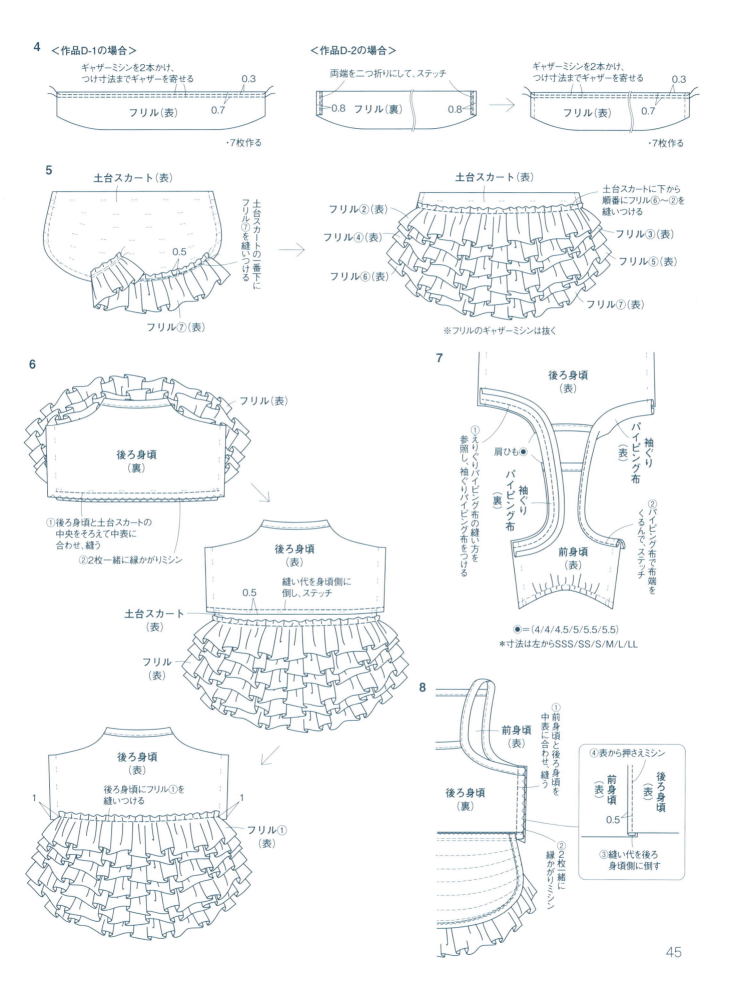

B

Photo P.5・9・17・25

パンツ

実物大型紙
小型犬 A面　フレブル C面
イタグレ D面　Mダックス C面

B-1 レザー　B-2 ジャカードニット

B-3 チノ　B デニム　Arrange

できあがりサイズ (cm)

小型犬	首まわり	胴まわり	着丈
SSS	21.5	31.5	23
SS	23	35	26
S	24	40	28
M	27	43.5	29
L	30.5	46.5	31
LL	31.5	51.5	33.5

イタグレ	首まわり	胴まわり	着丈
S	25	45.5	34
M	26	48	37
L	29	51	40.5

フレブル	首まわり	胴まわり	着丈
S	36	55	28.5
M	38	58.5	29.5
L	43.5	65.5	32.5

Mダックス	首まわり	胴まわり	着丈
DSS	25.5	38	30
DS	27	42	34.5
DM	29.5	45.5	39

材料 (cm)

● 身頃布　ソフトメッシュ（B-1・2／黒　B-3・Arrange／ベージュ）

小型犬	122cm幅	SSS 25　SS 25	S 30　M 30	L 35　LL 35	
イタグレ	122cm幅	S 35	M 35	L 40	
フレブル	122cm幅	S 35	M 35	L 35	
Mダックス	122cm幅	S 35	M 35	L 40	

● パイピング布
付属スパンフライス 60（B-1・2／黒　B-3・Arrange／オフ白）

小型犬	SSS～SS 40×15	S～M 50×15	L～LL 50×15
イタグレ	S 40×25	M 40×25	L 40×25
フレブル	S 40×25	M 40×25	L 50×25
Mダックス	S 30×25	M 40×25	L 40×25

＊縫う前の準備と縫い方手順1～12、ゴムテープ各寸法・パイピング各寸法はP.48をごらんください

裁ち合わせ図

＊ □ は伸び止めテープを貼る
＊縫い代は指定以外1cm
＊えりぐり、袖ぐりパイピング布はP.43フリルスカートの裁ち方図を参照して裁つ
＊寸法は左から小型犬（SSS～S/M～LL）イタグレ、フレブル、Mダックスはワンサイズ
◆=各サイズの用尺は材料表示参照

<身頃布>

前身頃／後ろ身頃　裁ち切り　0.7
122cm幅

<パンツ布>

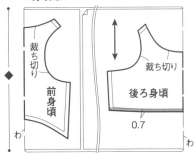

2.6 ベルト通し　周囲裁ち切り
表ベルト 0.7　裏ベルト 0.7　ポケット
パンツ　0.7　0.7（B-2以外）　1.5

★=小型犬(7/9)　フレブル(10.5)　イタグレ(11)　Mダックス(9.7)
※裏ベルトはB-2のみ
※小型犬以外はパンツのゴムテープ止まりの印を長めにつけておく

<裏ベルト・バイアス布 (B-2以外)>
※バイアス布はP.43フリルスカートを参照し、はぎ合わせて1枚にする

0.7 裏ベルト　お尻まわりバイアス布　周囲裁ち切り
25cm　65cm幅

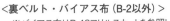

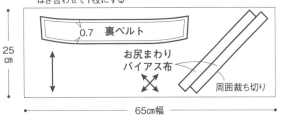

<フレブル・イタグレ・Mダックス>
＊前身頃の裾と後ろ身頃の裾はずれています

<小型犬>
＊前身頃の裾と後ろ身頃の裾はずれています

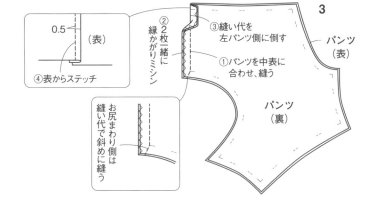

3
①パンツを中表に合わせ、縫う
②2枚一緒に縁かがりミシン
③縫い代を左パンツ側に倒す
④表からステッチ
0.5
お尻まわり側は縫い代で斜めに縫う
パンツ（表）／パンツ（裏）

- パンツ布
  - P.5／B-1　合皮(黒) ❶
  - P.9／B-2　スコットチェック(ベージュ・ピンク) ❺
  - P.17／B-3　ポリエステル無地(ベージュ) ❶
  - P.25／アレンジ　デニム(ストレッチタイプ・10オンス) ❶

小型犬	SSS～SS 75×30	S～M 90×35	L～LL 95×40
イタグレ	S 85×40	M 85×40	L 90×45
フレブル	S 95×40	M 100×40	L 65×60
Mダックス	S 80×35	M 80×35	L 90×40

- B-1・3・アレンジ
  - 裏ベルト・バイアス布　シャーティング　65cm幅×25cm

- その他
  - B-1・B-3パンツ用2.5cm幅バイアス布
    - 〈小型犬〉　　SSS～SS 40cm／S～M 40cm／L～LL 50cm
    - 〈イタグレ〉　　S 40cm／M 40cm／L 45cm
    - 〈フレブル〉　　S 45cm／M 50cm／L 55cm
    - 〈Mダックス〉　S 40cm／M 40cm／L 40cm
  - 1.2cm幅伸び止めテープ ❸
    - SSS～S(DSS～DS) 40cm／M～LL(DM) 45cm
  - ソフト替えゴム(4コール) ❻
    - 〈小型犬・イタグレ・Mダックス〉
    - SSS 65cm／SS～S(DSS～DS) 75cm／M～LL(DM) 85cm
  - ソフトゴム(4コール) ❺
    - 〈フレブル〉S 90cm／M 95cm／L 100cm

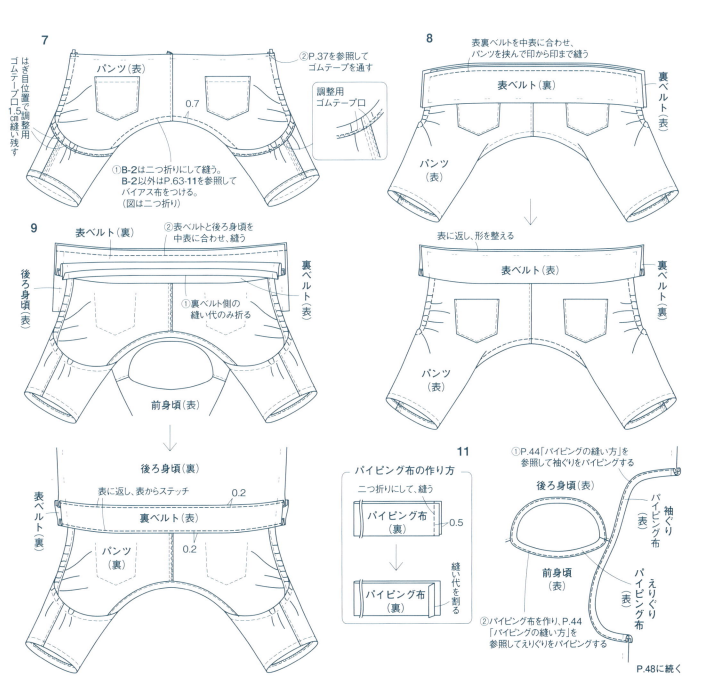

P.48に続く

作り方

縫う前の準備
- 後ろ身頃の裾に伸び止めテープを貼る。
- 前身頃裾、パンツお尻まわり（B-1・3以外）、ポケットまわりに縁かがりミシンをかける。

イタグレ・フレブル・Mダックス

1. 前身頃の裾を縫う（P.37参照）。
2. 身頃の肩を縫う（P.69-5参照）。
3. パンツの後ろ中央を縫う。
4. ポケットを作り、パンツにつける（P.63-8参照）。
5. パンツの裾を縫う（P.63-9参照）。
6. パンツの股下を縫う（P.75-5参照）。
7. 脇からお尻まわりを縫う。
8. パンツにベルトをつける。
9. ベルトを後ろ身頃につける。
10. ベルト通しを作り、身頃につける（P.53-5参照）。
11. えりぐり、袖ぐりをパイピングする。
12. 身頃の脇を縫う（P.69-4参照）。

小型犬

1. えりぐりをパイピングする（P.44-1参照）。
2. 前身頃の裾を縫う（P.44-2参照）。

＊3〜10の工程はイタグレ・フレブル・Mダックスと同様。

11. 袖ぐりをパイピングする（P.45-7参照）。
12. 身頃の脇を縫う（P.45-8参照）。

ゴムテープ各寸法 （cm）

※お尻まわりの長さは、ゴムテープを通すために必要な寸法の目安。

小型犬	前裾	お尻まわり
SSS	11	40
SS	12	45
S	13	48
M	14	53
L	15	58
LL	15	60

フレブル	前裾	お尻まわり
S	16	60
M	17	65
L	18	70

イタグレ	前裾	お尻まわり
S	12	54
M	13	55
L	15	59

Mダックス	前裾	お尻まわり
DSS	13	47
DS	14	51
DM	15	55

パイピング布各寸法 （cm）

※小型犬はP.44「フリルスカート」のパイピング布寸法表参照。

フレブル	えり	袖ぐり（2枚）
S	32×4.5	27×4.5
M	34×4.5	29×4.5
L	39×4.5	32×4.5

イタグレ	えり	袖ぐり（2枚）
S	22×4.3	28×4.3
M	23×4.5	29×4.3
L	25×4.5	32×4.5

Mダックス	えり	袖ぐり（2枚）
DSS	22×4.3	24×4.3
DS	24×4.3	25×4.3
DM	26×4.3	27×4.3

G Photo：P.10

タートルネックワンピース

実物大型紙 A面

できあがりサイズ （cm）

小型犬	首まわり	胴まわり	着丈
SSS	23	33.5	23.5
SS	23	36	27
S	25.5	40	28
M	28	43.5	31
L	31	47.5	33.5
LL	34	51	35

トーションレース各寸法 （cm）

小型犬	裾	袖口（2本）
SSS	48	12
SS	52	12.5
S	55	14
M	58	15
L	64	15.5
LL	70	17

裁ち合わせ図

* ▨は伸び止めテープを貼る
* 縫い代は指定以外1cm
* ◆＝各サイズの用尺は材料表示参照

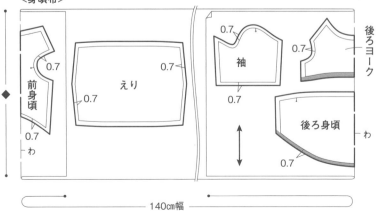

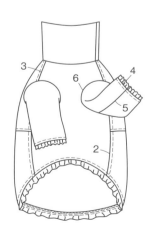

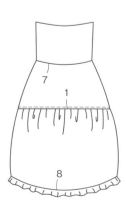

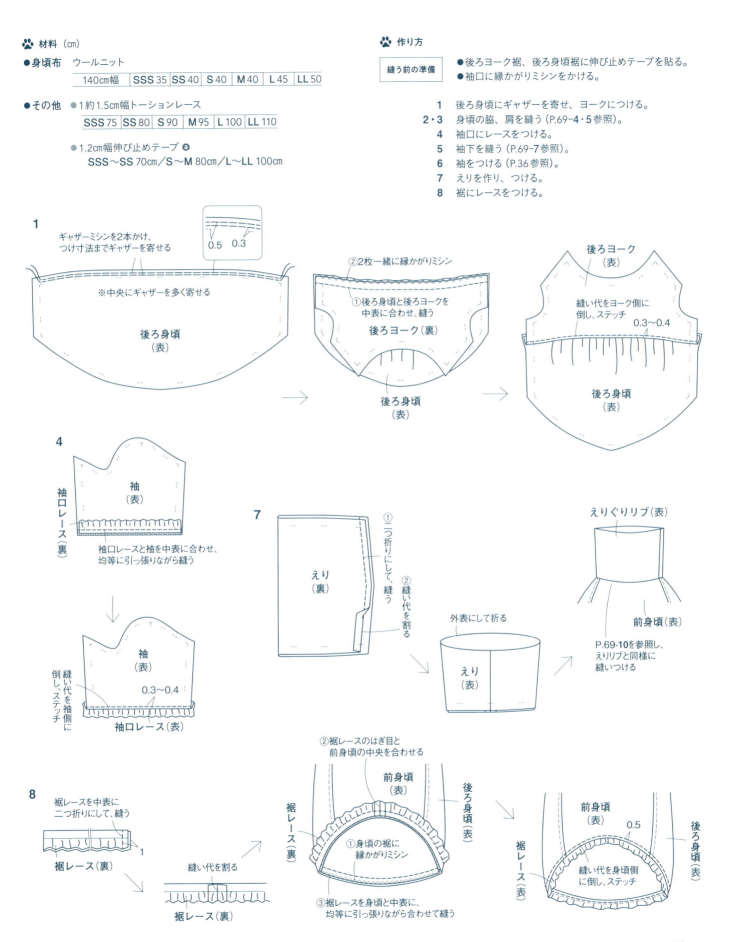

C フルジップジャージ

Photo : P.6

実物大型紙 A面

できあがりサイズ (cm)

小型犬	首まわり	胴まわり	着丈
SSS	23.5	36	21.5
SS	26	41	24
S	28	44	26.5
M	32.5	50	29
L	34	53	30.5
LL	34	57.5	32

リブ布寸法 (cm)

小型犬	袖口(2枚)
SSS	13 × 6
SS	14 × 6
S	15 × 6
M	17 × 8
L	18 × 8
LL	19 × 8

材料 (cm)

- 身頃表布 ポリエステル4段スムースニット

| 170cm幅 | SSS 25 | SS 30 | S 35 | M 35 | L 45 | LL 50 |

- その他
  - 1cm幅テープ　SSS 65cm／SS～S 80cm／M～L 95cm／LL 100cm
  - ビスロンオープンファスナー
    SSS 19cm／SS 21.5cm／S 23.5cm／M 27cm／L 29.5cm／LL 31cm
    ※ファスナーは店舗等で指定の寸法にカットしてもらってください。
  - 1.2cm幅伸び止めテープ ⓐ
    SSS～SS 60cm／S～M 75cm／L～LL 80cm

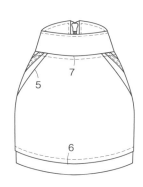

裁ち合わせ図

* ▨ は伸び止めテープを貼る
* 縫い代は指定以外1cm
* ◆ = 各サイズの用尺は材料表示参照

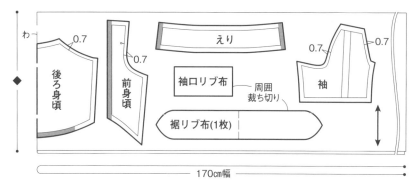

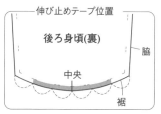

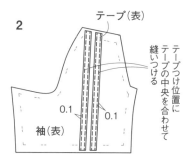

3

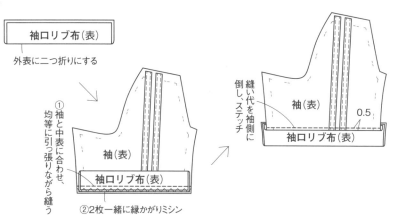

4

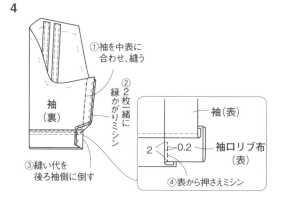

作り方

縫う前の準備
- 後ろ身頃の裾、前端、表えりの両端(1枚)にそれぞれ伸び止めテープを貼る。
- 前端、裏えりの身頃つけ側に縁かがりミシンをかける。

1. 身頃の脇を縫う(P.69-4参照)。
2. 袖を作る。
3. 袖口に袖リブをつける。
4. 袖下を縫う。
5. 袖をつける(P.36参照)。
6. 裾にリブをつける。
7. えりを作り、つける。
8. ファスナーをつける。

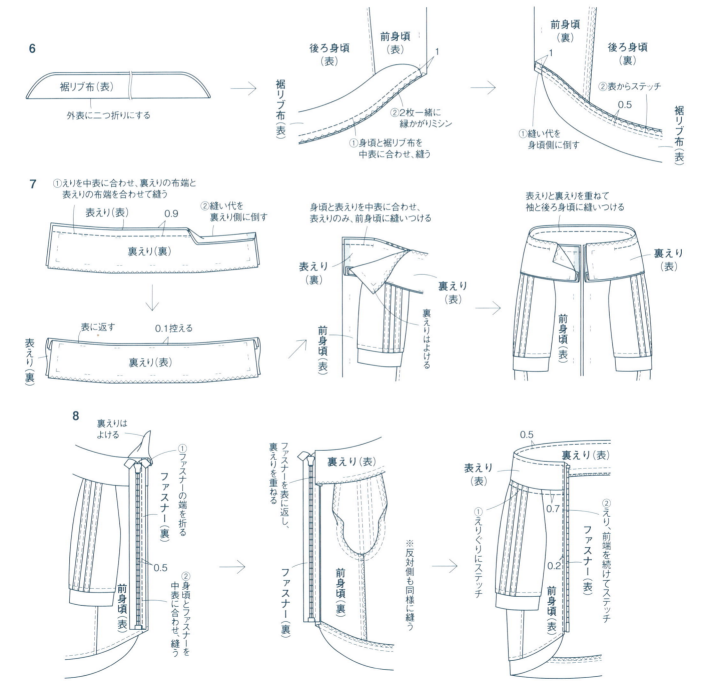

E

Photo : P.8

フレンチブルドッグ
のための
トレンチコート

実物大型紙 C面

できあがりサイズ（cm）

フレブル	首まわり	胴まわり	着丈
S	37	56〜60	30
M	40.5	60〜63	34
L	45	63〜66	36

材料（cm）

- 身頃表布　コットンツイル

110cm幅	S75	M85	L90

- 身頃裏布　薄手ウールチェック柄

110cm幅	S75	M85	L90

- その他
  - レザー調ボタン
    1.8cm径4個／1.5cm径を4個
  - バックル
    内径横4.2×縦2.5cmを1個
  - 面ファスナー
    （マジカルシート 縫付タイプ白）
    5×15cm

作り方

縫う前の準備
- 表えり、表飾りえりの裏に接着芯を貼る。
- ベルト通しの周囲に縁かがりミシンをかける。

1. 後ろ身頃の中央を縫う。
2. 表、裏身頃の肩を縫う。
3. えりを作る。
4. 表、裏身頃を合わせ、縫う。
5. ベルト通しを作り、身頃につける。
6. ボタンをつける。
7. ベルトを作る。
8. 飾りえりを作る。

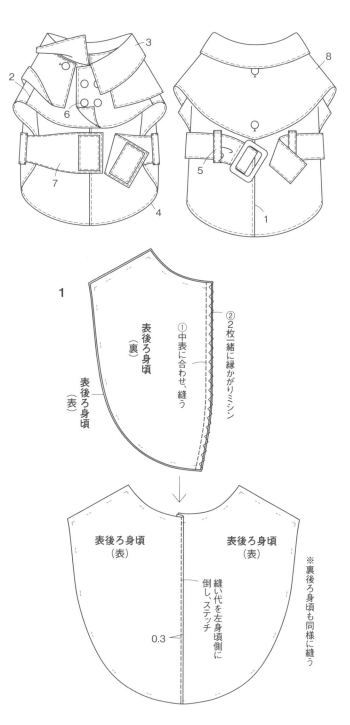

裁ち合わせ図

* ▦ は接着芯を貼る
* 縫い代は指定以外1cm
* ◆＝各サイズの用尺は材料表示参照

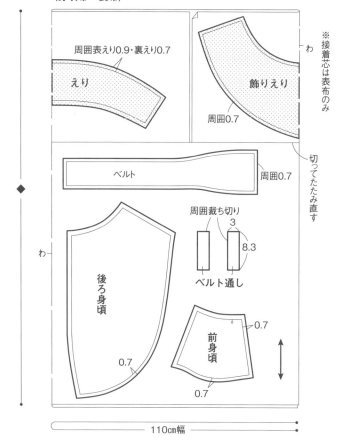

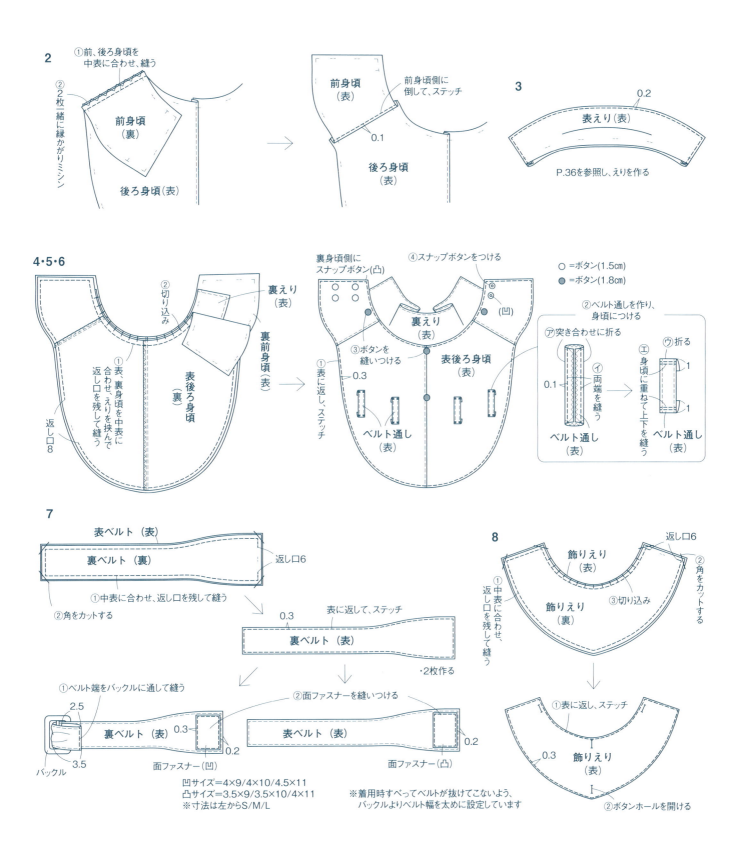

F ファーベスト

Photo : P.10

実物大型紙 A面

できあがりサイズ (cm)

小型犬	首まわり	胴まわり	着丈
SSS	27	38	17
SS	29	42	18
S	31	46	19.5
M	34.5	51	22
L	35.5	53	24
LL	37.5	59	26.5

材料 (cm)

- 身頃表布　フェイクファー

| SSS 55×25 | SS〜S 60×30 | M 70×35 | L 75×35 | LL 80×40 |

- 身頃裏布　シャーティング

| 110cm幅 | SSS 25 | SS 30 | S 30 | M 35 | L 35 | LL 40 |

- その他
  - 合皮　10×3.5cm
  - 1.5cm幅バックル　1個
  - スナップボタン
    SSS〜SS 1.2cm径を3個／S〜M 1.2cm径を4個／
    L〜LL 1.4cm径を4個

作り方

1. 身頃の肩を縫う（P.34参照）。
2. 表、裏身頃を合わせて前端、えりぐりと袖ぐりを縫う。
3. 身頃の脇を縫う（P.35参照）。
4. 裾を縫う。
5. バックルを作り、つける。
6. ボタンをつける。

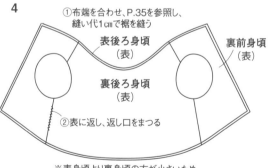

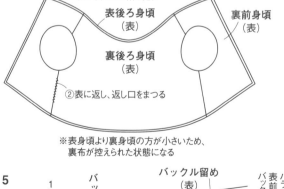

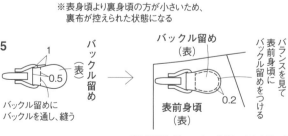

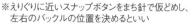

フェイクファーの扱い方

*裁断用のハサミは、通常の裁ちバサミより少し小さい、刃先がとがっているものが向く。

裁断

① 基布をつまむようにして切り込みを入れる。

② ①の切り込みに刃先を入れ、基布のみをすくって切る（ファーは切らない）。そのようにして切り進めるとファーが抜け落ちたりバラつかず、きれいな断面になる。

縫い合わせ

③ 縫い合わせたあとは、はぎ目に目打ちを差し込み、ファーを引き出して整える。

H Photo：P.11

レイヤード風シャツワンピース

実物大型紙 B面

できあがりサイズ (cm)

小型犬	首まわり	胴まわり	着丈
SSS	22	32.5	24
SS	24.5	36	27
S	27	40.5	28.5
M	29.5	44	30.5
L	31	48	32.5
LL	33.5	52.5	35

リブ布寸法 (cm)

*縦地に裁つ（周囲裁ち切り）

小型犬	裾	えり
SSS	28 × 4.3	21 × 4.3
SS	31 × 4.3	23 × 4.3
S	35 × 4.3	24.5 × 4.3
M	38 × 4.5	27 × 4.3
L	42 × 4.5	29 × 4.5
LL	45 × 4.5	31 × 4.5

材料 (cm)

- 身頃A布　20/スパンテレコ

| 40cm (W) 幅 | SSS 25 | SS 25 | S 30 | M 30 | L 35 | LL 35 |

- 身頃B布　綿ポリストライプ柄

| 108cm幅 | SSS 30 | SS 35 | S 40 | M 40 | L 45 | LL 45 |

- その他
  - 接着芯　SSS〜SS 10×10cm／S〜M 15×15cm／L〜LL 15×15cm
  - 1.2cm幅伸び止めテープ ⓐ
    共通 SSS〜SS 20cm／S〜M 25cm／L〜LL 30cm
  - ソフト替えゴム（4コール）ⓒ
    SSS〜SS 25cm／S〜M 30cm／L〜LL 35cm
  - 0.6cm幅リボン　20cm
  - ワッペン

裁ち合わせ図

* ▨は接着芯、▨は伸び止めテープを貼る
* 縫い代は指定以外1cm
* ポケットは布の裏側を使用する
* 寸法は左からSSS/SS/S/M/L/LL
* リブ布の裁ち合わせはP.68参照
  （えりと裾を横に並べる）
◆＝各サイズの用尺は材料表示参照

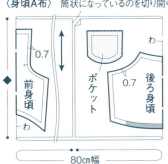

〈身頃A布〉 筒状になっているのを切り開く
80cm幅

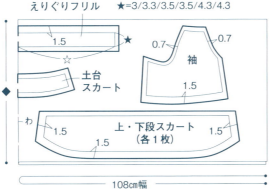

〈身頃B布〉
☆=21/23.5/26/29.5/31/34.3
★=3/3.3/3.5/3.5/4.3/4.3
108cm幅

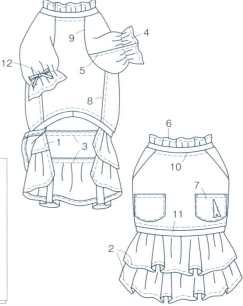

P.56に続く

作り方

縫う前の準備
- P.50を参照し、後ろ身頃の裾に伸び止めテープを貼る。
- ポケットの裏に接着芯を貼り、周囲に縁かがりミシンをかける。
- スカート脇に縁かがりミシンをかける。

1. 土台スカートを作る。
2. 上段・下段スカートを作る。
3. 土台スカートに、上段・下段スカートをつける。
4. 袖口を縫う。
5. 袖下を縫う。
6. えりぐりフリルを作る。
7. ポケットを作り、つける。
8. 身頃の脇を縫う（P.69-4参照）。
9. 袖をつける（P.36参照）。
10. えりぐりにリブとフリルをつける。
11. 後ろ身頃にリブとスカートをつける。
12. 袖口にリボンをつける。

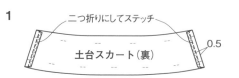

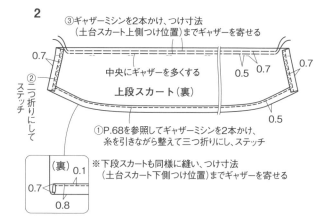

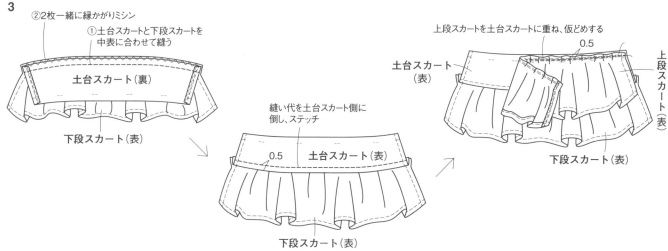

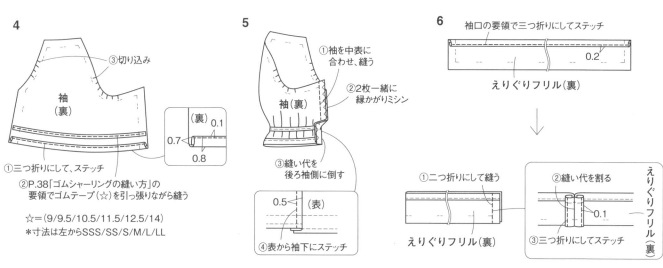

☆＝(9/9.5/10.5/11.5/12.5/14)
＊寸法は左からSSS/SS/S/M/L/LL

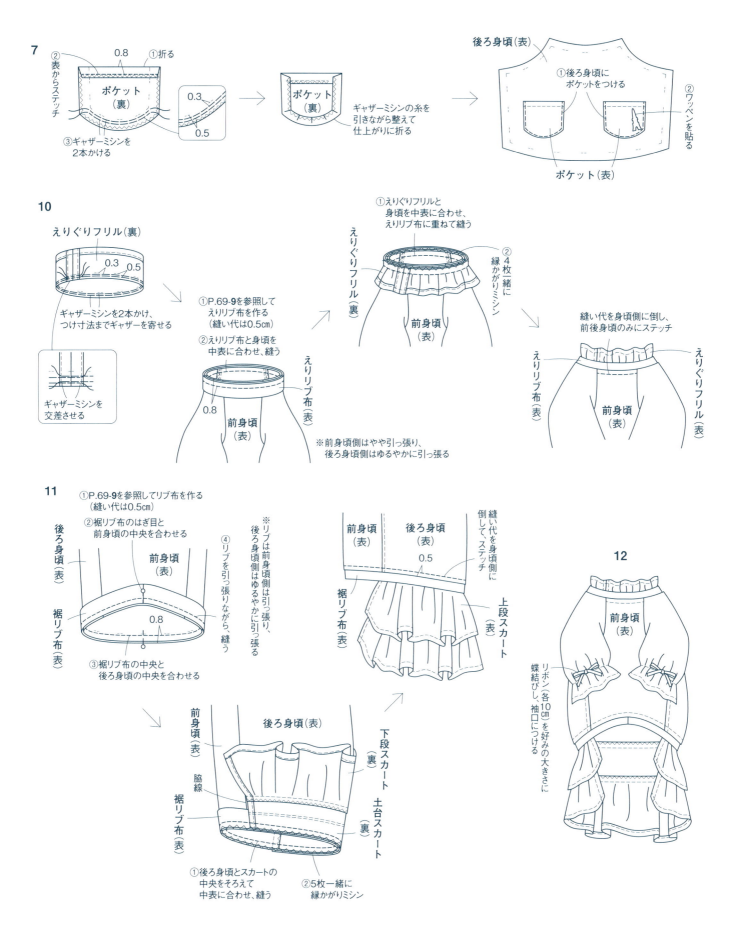

Photo : P.12・P.23

ヨークフリルワンピース

実物大型紙
小型犬 B面
スタンプー D面

できあがりサイズ（cm）

スタンプー	首まわり	胴まわり	着丈
S	42.5	92	54
M	45	100	58
L	48.5	107	61.5

小型犬	首まわり	胴まわり	着丈
SSS	22	45	24
SS	24	50	26
S	26	54	28.5
M	28	58	29.5
L	31	62	34
LL	33.5	67.5	35.5

パイピング各寸法（cm）

スタンプー	えり	袖ぐり（2枚）
S	4.5 × 95	4 × 48
M	4.5 × 97	4 × 51
L	4.5 × 100	4 × 53

小型犬	えり	袖ぐり（2枚）
SSS	3.5 × 70	3 × 68
SS	3.5 × 70	3 × 70
S	3.5 × 75	3 × 77
M	3.5 × 75	3.5 × 75
L	4 × 80	3.5 × 80
LL	4 × 80	3.5 × 82

スタンプー

小型犬

小型犬 Arrange

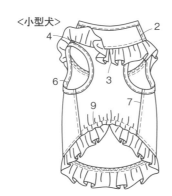
<小型犬>

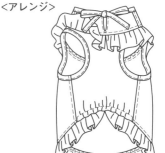
<アレンジ>

※アレンジはヨークの涙あきを前側に作る

※スタンプーは小型犬を基本に
後ろ裾にもゴムテープを通す

裁ち合わせ図

* 縫い代は指定以外1cm
* 裾フリルは小型犬SSSは「わ」で裁つ
  小型犬SS～LLとスタンプーは「はぎ」で裁つ
◆＝各サイズの用尺は材料表示参照

<身頃布/小型犬SSSの場合>

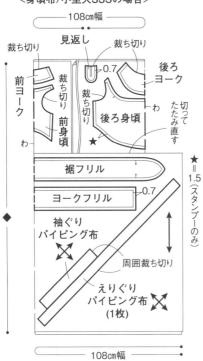

<小型犬SS～LLとスタンプーのフリルとパイピング布の裁ち方>
※ヨーク・身頃・見返しは小型犬SSSと同様に裁つ

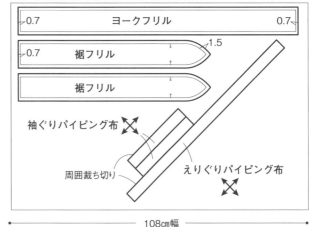

材料（cm）

- P.12 身頃表布　リバティ・ファブリックス　タナローン (Michelle／EE)

スタンプー	108cm幅	S 180	M 200	L 210		
小型犬	108cm幅	SSS 90	SS 90	S 95	M 100	L 120	LL 120

- P.23 身頃表布　リバティ・ファブリックス　タナローン (Abasan Spot／WE)

小型犬	108cm幅	SSS 90	SS 90	S 95	M 100	L 120	LL 120

- その他　●ソフト替えゴム（4コール）
  - スタンプー　S 110cm／M 120cm／L 125cm
  - 小型犬　SSS〜S 20cm／M〜LL 25cm

作り方

1. 涙あきを作る。
2. ヨークの肩を縫う（P.69-5参照）。
3. ヨークフリルを作り、ヨークにつける。
4. 身頃の肩を縫う（P.34参照）。
5. 身頃にヨークをつける。
6. 袖ぐりをパイピングする。
7. 身頃の脇を縫う（P.69-4参照）。
8. 裾フリルを作り、つける。
9. 身頃の裾にゴムテープを通す。
10. えりぐりをパイピングする。

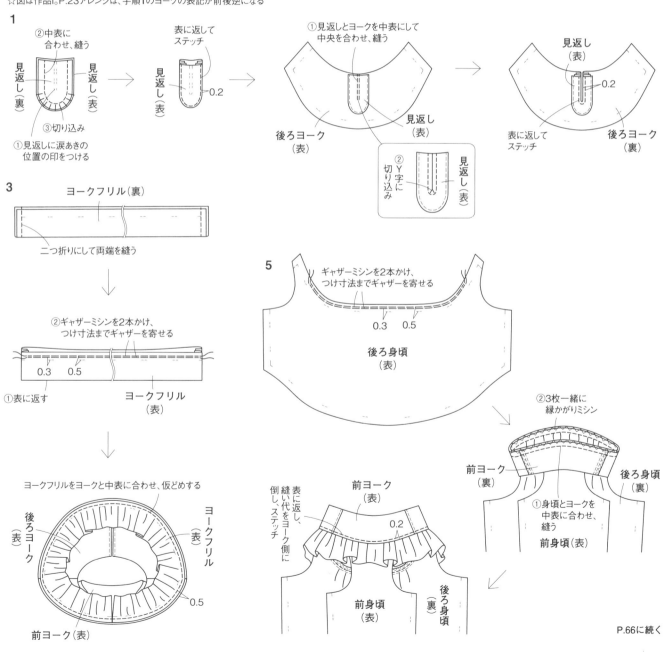

P.66に続く

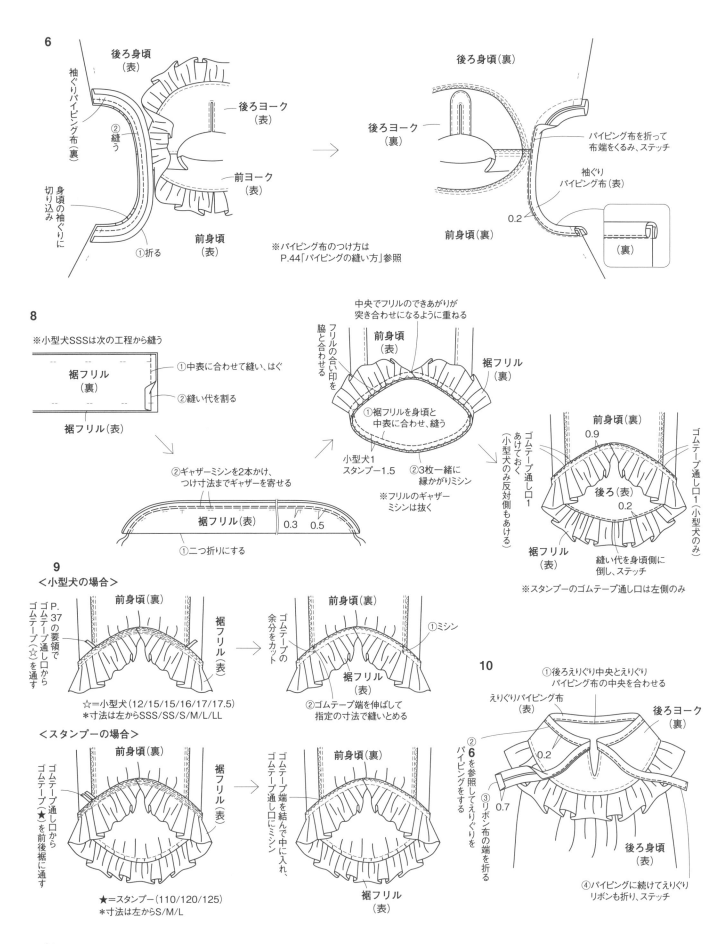

L シャーリングブラウス

Photo : P.15

実物大型紙 B面

できあがりサイズ (cm)

小型犬	首まわり	胴まわり	着丈
SSS	20.5	36	21
SS	23	39	25
S	25.5	43	27
M	27.5	47	28
L	29	50.5	30
LL	30	53	32

ゴムテープ各寸法 (cm)

小型犬	えり (3本)	前裾	袖口 (2本)
SSS	21	13	10.5
SS	24	15	11.5
S	26	16	12.5
M	28.5	17	13.5
L	30	18	14.5
LL	31	19.5	15

材料 (cm)

- **身頃表布** リバティ・ファブリックス タナローン プレーン（ホワイト・フロスト）❶

108cm幅	SSS 50	SS 50	S 55	M 60	L 65	LL 70

- **その他** ソフト替えゴム（4コール）❻
  SSS〜SS 115cm／S〜M 135cm／L〜LL 145cm

作り方

縫う前の準備 ●前身頃の裾に縁かがりミシンをかける。

1. 後ろ身頃の裾を縫う（P.68-2参照）。
2. 前身頃の裾を縫う（P.68-3参照）。
3. 身頃の脇を縫う（P.68-4参照）。
4・5. 袖口を縫い、袖下を縫う（P.56-4・5参照。袖下のステッチはゴムテープ位置まで）。
6. 袖をつける。
7. えりを作る。
8. えりをつける（P.69-10参照）。

裁ち合わせ図

*縫い代は指定以外1cm
◆＝各サイズの用尺は材料表示参照

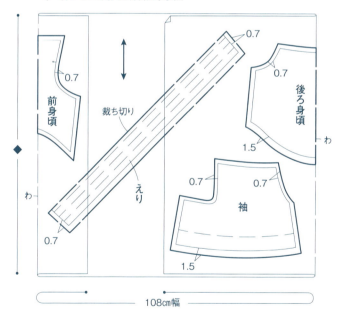

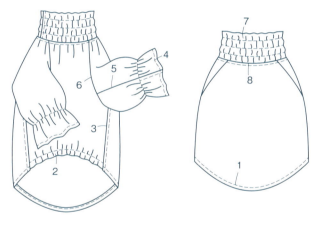

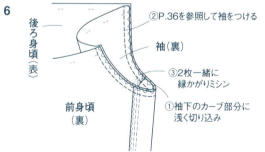

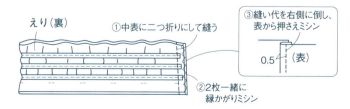

K

Photo：P.14

サロペットパンツ

実物大型紙 B面

できあがりサイズ（cm）

小型犬	胴まわり	着丈
SSS	33～35	22
SS	37～38.5	25.5
S	40～42	26
M	46～48	28
L	49～52	31
LL	54～56	33

ゴムテープ各寸法（cm）

小型犬	前裾	後ろ袖ぐり（2本）	お尻まわり
SSS	8	3	36
SS	9	3	44
S	10	3.5	45
M	11	4	51
L	12	4	55
LL	13	4.5	59

面ファスナー寸法（cm）

小型犬	凸面	凹面
SSS	2×7.5	2.5×7.5
SS	2×8.5	2.5×8.5
S	2.5×9	3×9
M	2.5×9	3×9
L	2.8×10.5	3.3×10.5
LL	3×11	3.5×11

材料（cm）

● 身頃表布　ヒッコリーデニム ❶

| 128cm幅 | SSS 35 | SS 35 | S 40 | M 50 | L 60 | LL 60 |

● 身頃裏布　シャーティング

| 110cm幅 | SSS 25 | SS 25 | S 25 | M 30 | L 30 | LL 30 |

● その他
- パンツ用2.5cm幅バイアス布　SSS～SS 35cm／S～M 40cm／L～LL 45cm
- ソフト替えゴム（4コール）❻　SSS～SS 70cm／S～M 80cm／L～LL 95cm
- 1.7cm径ジーンズタックボタン（アンティークゴールド）　2個 ❺
- 2.8cm幅吊りカン　2個
- 1.8cm径ボタン（アンティークゴールド）　4個
- 面ファスナー（マジカルシート 縫付タイプ 白）❻　SSS～SS 5×10cm／S～LL 5×15cm
- ワッペン

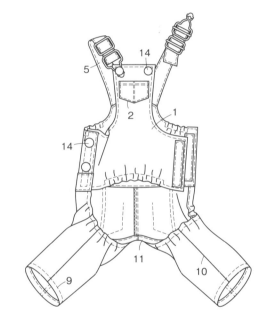

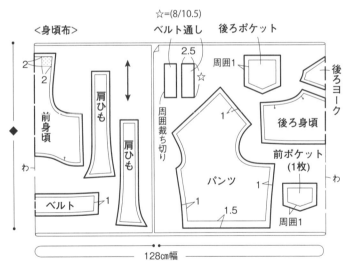

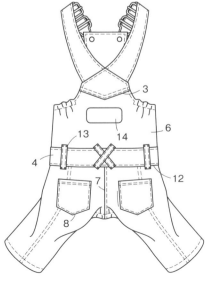

裁ち合わせ図

* ▨は接着芯を貼る
* 縫い代は指定以外0.7cm
* 裏後ろ身頃は切り替え線なしで裁つ
* 寸法は左から（SSS～S/M～LL）
* ◆＝各サイズの用尺は材料表示参照

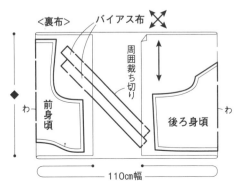

作り方

縫う前の準備 ●前身頃の裏に補強のための接着芯を貼る。

1. 前身頃を作る (P.64-1参照)。
2. 胸ポケットを作り、前身頃につける (P.65-2参照)。
3. 後ろヨークを縫う (P.65-3参照)。
4. ベルトをつける (P.65-4参照)。
5. 肩ひもを作り、つける (P.65-5参照)。
6. 後ろ身頃を作る (P.65-6参照)。
7. パンツの後ろ中央を縫う。
8. ポケットを作り、パンツにつける。
9. パンツの裾を縫う。
10. パンツの股下を縫う。
11. 脇からお尻まわりを縫う。
12. パンツを後ろ身頃につける (P.66-11参照)。
13. ベルト通しを作り、身頃につける (P.53-5参照)。
14. ボタン、ワッペンを身頃につける (P.66-13参照)。

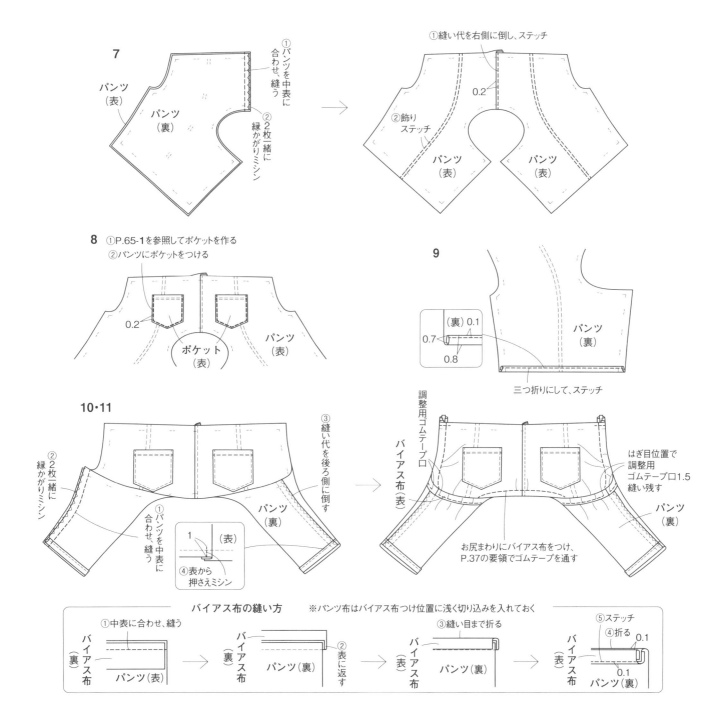

M ジャンパースカート

Photo : P.15

実物大型紙 B面

できあがりサイズ (cm)

小型犬	胴まわり	着丈
SSS	33〜35	22.5
SS	37〜38.5	25
S	40〜42	27
M	46〜48	29
L	49〜52	31
LL	54〜56	33

ゴムテープ各寸法 (cm)

小型犬	前裾	後ろ袖ぐり (2本)
SSS	8	3
SS	9	3
S	10	3.5
M	11	4
L	12	4
LL	13	4.5

面ファスナー寸法 (cm)

小型犬	凸面	凹面
SSS	2×6.5	2.5×6.5
SS	2×7.5	2.5×7.5
S	2.5×8	3×8
M	2.5×9	3×9
L	2.8×9	3.3×9
LL	3×9.5	3.5×9.5

材料 (cm)

- 身頃表布　C&Sフレンチコーデュロイ (ターメリックイエロー) d

| 105cm幅 | SSS 25 | SS 35 | S 35 | M 45 | L 45 | LL 50 |

- 身頃裏布　シャーティング

| 110cm幅 | SSS 25 | SS 25 | S 25 | M 30 | L 30 | LL 30 |

- その他
  - ソフト替えゴム (4コール) c
    SSS〜SS 20cm／S〜M 25cm／L〜LL 30cm
  - 1.7cm径ジーンズタックボタン (アンティークゴールド) 2個 b
  - 2.8cm幅吊リカン 2個
  - 1.8cm径ボタン (アンティークゴールド) 4個
  - 面ファスナー (マジカルシート 縫付タイプ 白) b
    SSS〜S 5×10cm／M〜LL 5×15cm
  - ワッペン

裁ち合わせ図

* ▦は接着芯を貼る
* 裏後ろ身頃は切り替え線なしで裁つ
* 縫い代は指定以外0.7cm
* 寸法は左から (SSS〜S/M〜LL)
* ◆=各サイズの用尺は材料表示参照

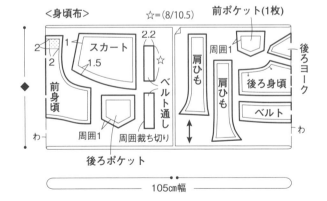

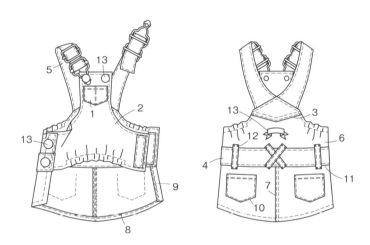

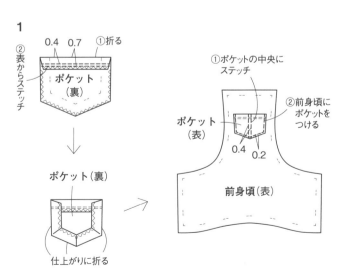

作り方

縫う前の準備
- 前身頃の裏に補強のための接着芯を貼る。
- スカートの脇、ポケットの周囲に縁かがりミシンをかける。

1. 前ポケットを作り、前身頃につける。
2. 前身頃を作る。
3. 後ろヨークを縫う。
4. ベルトをつける。
5. 肩ひもを作り、つける。
6. 後ろ身頃を作る。
7. スカートの後ろ中央を縫う。
8. スカートの裾を縫う。
9. スカートの脇を縫う。
10. 後ろポケットを作り、スカートにつける。
11. スカートを後ろ身頃につける。
12. ベルト通しを作り、身頃につける。
13. ボタン、ワッペンを身頃につける。

2
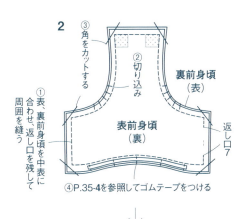

3・4
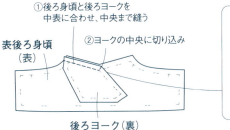
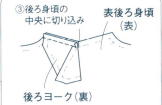
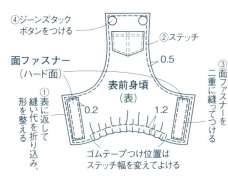

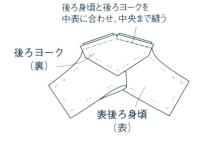
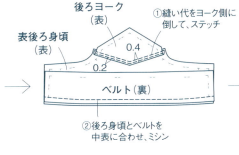
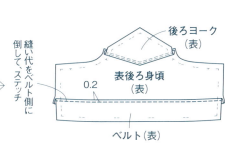

5
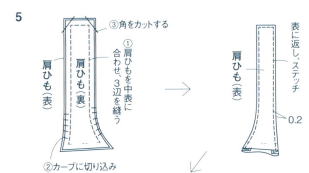

6
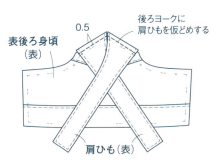
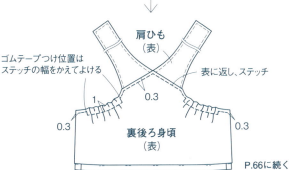

P.66に続く

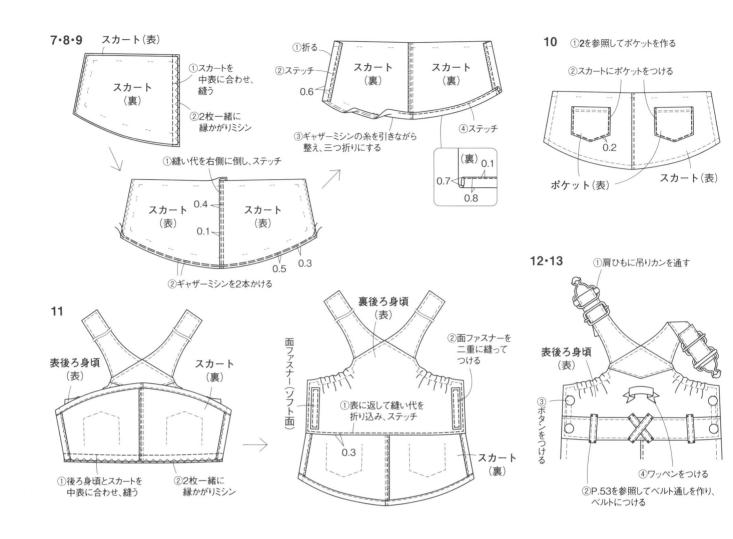

Q

Photo : P.20

スタンダードプードルのためのロンパース

実物大型紙 D面

できあがりサイズ（cm）

スタンプー	首まわり	胴まわり	着丈
S	41	71	52
M	43	77	58
L	47.5	81	63

リブ布寸法（cm）

スタンプー	えり	裾	袖口（2本）
S	35 × 16	61 × 8	20 × 18
M	37 × 18	64 × 8	21 × 18
L	40 × 18	66 × 8	22 × 18

材料（cm）

- 身頃布　40／コーマスムース（ポップコーン柄・生成り）

  | 150cm幅 | S55 | M60 | L85 |

- パンツ布　ヒッコリーデニムニット（レッド杢）

  | 170cm幅 | S70 | M75 | L80 |

- リブ布　40／しっかりスパンテレコ（生成）

  | 43cm（W）幅 | S60 | M60 | L60 |

- その他
  - ソフトゴム（4コール）　S 70cm／M 75cm／L 80cm
  - 1.2cm幅伸び止めテープ　40cm
  - 接着芯　15×15cm　ワッペン

作り方

縫う前の準備
- P.50を参照し、後ろ身頃の裾に伸び止めテープを貼る。
- パンツ裾、お尻まわりに縁かがりミシンをかける。
- ポケットの裏に接着芯を貼る

1. 身頃の脇を縫う（P.69-4参照）。
2. 袖下を縫う（P.56-5参照）。
3. 袖口リブとえりリブを作る（P.69-9参照）。
4. 袖口にリブをつける。
5. 袖をつける（P.36参照）。
6. えりリブを身頃につける（P.69-10参照）。
7. パンツの後ろ中央を縫う（P.46-3参照）。
8. ポケットを作り、パンツにつける。
9. パンツの裾を縫う。
10. パンツの股下を縫う（P.77-5参照）。
11. 脇からお尻まわりを縫う（P.47-7参照。縫い代は二つ折りで、P.37は小型犬と同様）。
12. 後ろ身頃に裾リブとパンツをつける（P.57-11参照）。

裁ち合わせ図

* ▨ は伸び止めテープを貼る
* ▨ は接着芯を貼る
* 縫い代は指定以外1cm
* ポケットは布の裏側を使用する
* ◆＝各サイズの用尺は材料表示参照

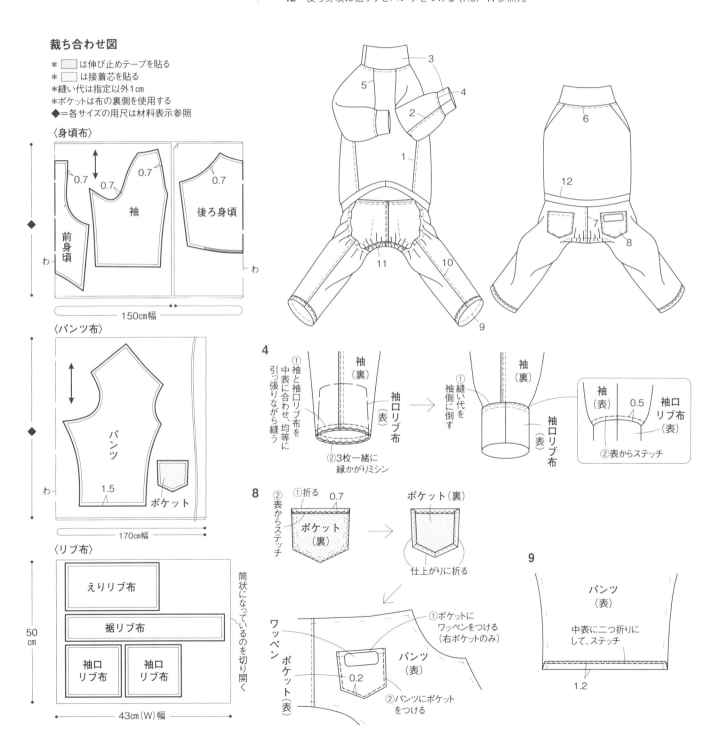

N ボーダーカットソー

Photo : P.16・P.14

実物大型紙
- 小型犬 C面
- イタグレ D面
- フレブル C面
- Mダックス C面

Arrange

できあがりサイズ (cm)

小型犬	首まわり	胴まわり	着丈 ショート	着丈 ロング
SSS	21.5	32	18	22
SS	23.5	35.5	19	24.5
S	26	39.5	22	27
M	29.5	45	23.5	29
L	31	48.5	25.5	31.5
LL	33.5	52.5	27	33.5

イタグレ	首まわり	胴まわり	着丈 ショート	着丈 ロング
S	25.5	46	28.5	35.5
M	26.5	48	30	38.5
L	29	52.5	31.5	41.5

フレブル	首まわり	胴まわり	着丈 ショート	着丈 ロング
S	37	56.5	22	28.5
M	39.5	60	24.5	30.5
L	44	66.5	27	33.5

Mダックス	首まわり	胴まわり	着丈 ショート	着丈 ロング
DSS	26.5	39	23.5	31
DS	28.5	43	26	34.5
DM	31.5	47	27.5	36.5

*型紙の裾線は、ボトムスと合わせてバランスのよいショート丈と、ボトムを合わせず1枚で着る際のロング丈の2パターンを表示しています。

リブ布各寸法 (cm)

小型犬	えり
SSS	21×4.5
SS	23×4.5
S	26×4.5
M	29×5
L	30×5
LL	32×5

イタグレ	えり
S	23×5
M	26×5
L	28×5

フレブル	えり
S	35×5
M	39×5
L	43×5

Mダックス	えり
S	24×5
M	26×5
L	28×5

裁ち合わせ図

* ▨ は伸び止めテープを貼る
* 縫い代は指定以外1cm
◆ =各サイズの用尺は材料表示参照

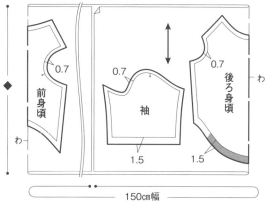

150cm幅

96cm幅

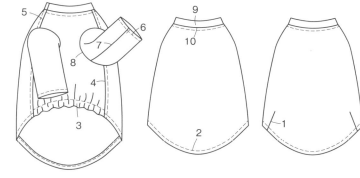

<小型犬・フレブル・Mダックス>　<イタグレ>

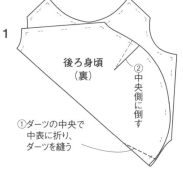

①ダーツの中央で中表に折り、ダーツを縫う
②中央側に倒す

☆=小型犬(10/12/12.5/14/15/16)
イタグレ(14/14.5/16)
フレブル(16.5/18/19.5)
Mダックス(14/15/16)

*小型犬の寸法は左からSSS/SS/S/M/L/LL
*イタグレ・フレブルの寸法は左からS/M/L
*Mダックスの寸法は左からDSS/DS/DM

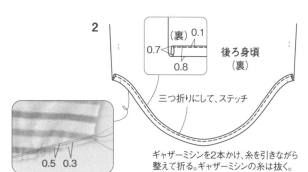

2 ギャザーミシンを2本かけ、糸を引きながら整えて折る。ギャザーミシンの糸は抜く。
三つ折りにして、ステッチ

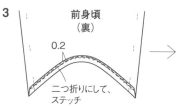

3 前身頃(裏)
二つ折りにして、ステッチ

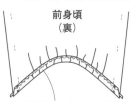

前身頃(裏)
P.37を参照し、ゴムテープ(☆)を通して端を縫いとめる

材料

- 身頃布　P.16 マルチボーダ(左/メリー、右/ベリーフレンチ) ⓗ
　　　　P.14 マルチスラブリバー天竺(生成り) ⓗ

ショート/ロング

小型犬	150cm幅	SSS 30/30	SS 30/35	S 30/35	M 35/40	L 40/40	LL 40/45
イタグレ	150cm幅		S 40/45		M 40/50		L 45/55
フレブル	150cm幅		S 35/40		M 40/45		L 40/50
Mダックス	150cm幅		DSS 35/40		DS 35/45		DM 40/50

- その他
  - 1.2cm幅接着伸び止めテープ ⓐ
    SSS〜SS 30cm/S(DSS)〜LL(DM) 40cm
  - ソフト替えゴム(4コール) ⓒ
    SSS〜S(DSS〜DS) 20cm/M〜LL(DM) 25cm

作り方

縫う前の準備
- P.50を参照し、後ろ身頃の裾に伸び止めテープを貼る。
- 前身頃の裾に縁かがりミシンをかける。

1. ダーツを縫う(イタグレのみ)。
2. 後ろ身頃の裾を縫う。
3. 前身頃の裾を縫い、ゴムテープを通す。
4. 身頃の脇を縫う。
5. 身頃の肩を縫う。
6. 袖口を縫う。
7. 袖下を縫う。
8. 袖をつける。
9. えりリブを作る。
10. えりリブを身頃につける。

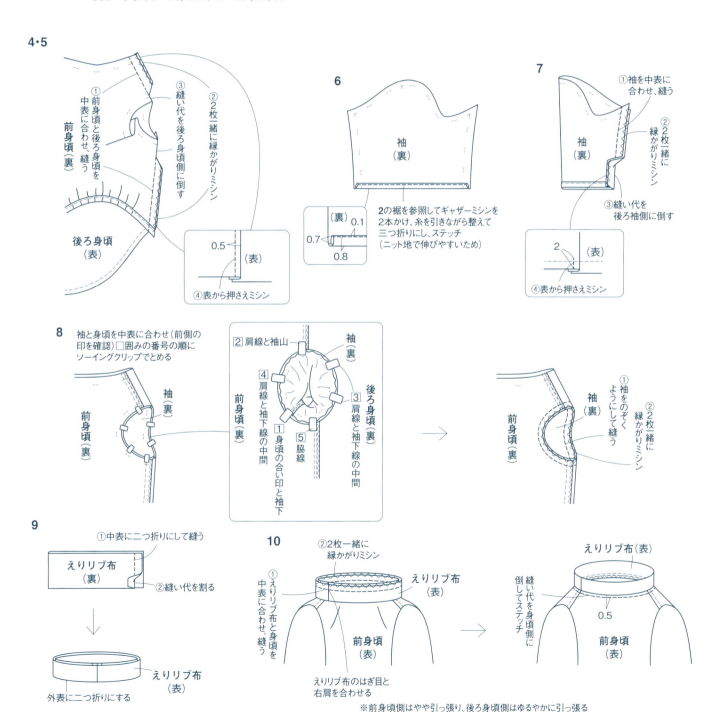

P ダブルボタンコート

Photo : P.19

実物大型紙 B面

できあがりサイズ（cm）

小型犬	首まわり	胴まわり	着丈
SSS	24	37	24
SS	25	40	27
S	28	44	29
M	31	49	30.5
L	33.5	52	32.5
LL	35	58	34

バイアス布各寸法（cm）

小型犬	えり	裾
SSS	2.8 × 24	2.8 × 57
SS	2.8 × 26	2.8 × 64
S	2.8 × 30	2.8 × 69
M	2.8 × 33	2.8 × 74
L	2.8 × 33	2.8 × 80
LL	2.8 × 35	2.8 × 88

材料（cm）

- 身頃A布　タータンチェックウール

  | 148cm幅 | SSS 30 | SS 30 | S 40 | M 45 | L 45 | LL 50 |

- 身頃B布　黒無地

  SSS〜SS 80×15cm／S〜M 100×25cm／L〜LL 110×30cm

- バイアス布　黒無地

  SSS〜SS 30×30cm／S〜M 35×30cm／L〜LL 40×35cm

裁ち合わせ図

＊ 　　 は接着芯・　　 は伸び止めテープを貼る
＊縫い代は指定以外0.7cm
＊寸法は左からSSS/SS/S/M/L/LLサイズ
＊バイアス布の寸法は表参照
◆＝各サイズの用尺は材料表示参照

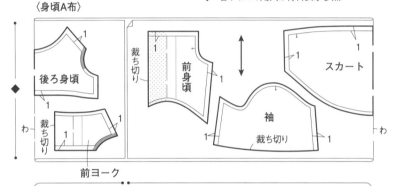

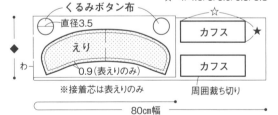

☆＝11.6/13/14.2/15.8/16.2/17.5
★＝4/4.6/5/5.6/6.3/6.8

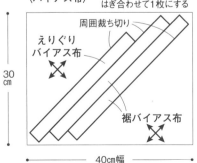

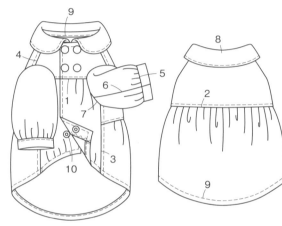

1　ギャザーミシンを2本かけ、つけ寸法までギャザーを寄せる

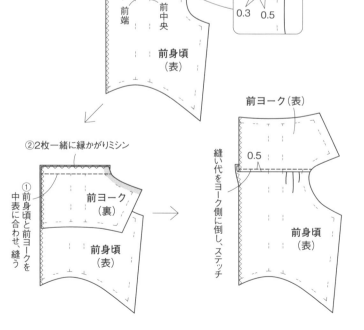

②2枚一緒に縁かがりミシン
①前身頃と前ヨークを中表に合わせ、縫う
縫い代をヨーク側に倒し、ステッチ

- その他
    - 接着芯
        SSS～SS 30×15cm／S～M 40×15cm／L～LL 40×15cm
    - 1.2cm幅接着伸び止めテープ ⓐ
        SSS～SS 20cm／S～M 20cm／L～LL 25cm
    - ソフト替えゴム（4コール）ⓒ
        SSS～SS 20cm／S～M 25cm／L～LL 30cm
    - くるみボタン 1.7cm径を4個 ⓑ
    - スナップボタン
        SSS～SS 1.2cm径を5個／S～M 1.2cm径6個／L～LL 1.4cm径を6個

作り方

縫う前の準備
- 前ヨークと後ろ身頃の袖ぐりに伸び止めテープを貼る。
- 表えり、前身頃の見返しの裏に接着芯を貼る。
- 前見返しの端に縁かがりミシンをかける。

1 前身頃を作る。
2 スカートを作り、後ろ身頃につける（P.49-1参照）。
3・4 身頃の脇、肩を縫う（P.69-4・5参照）。
5 袖を作る。
6・7 袖下を縫い、身頃に袖をつける（P.69-7・8参照）。
8 えりを作る。
9 えりを身頃につけ、えりぐりと裾をバイアス始末にする。
10 ボタンをつける。

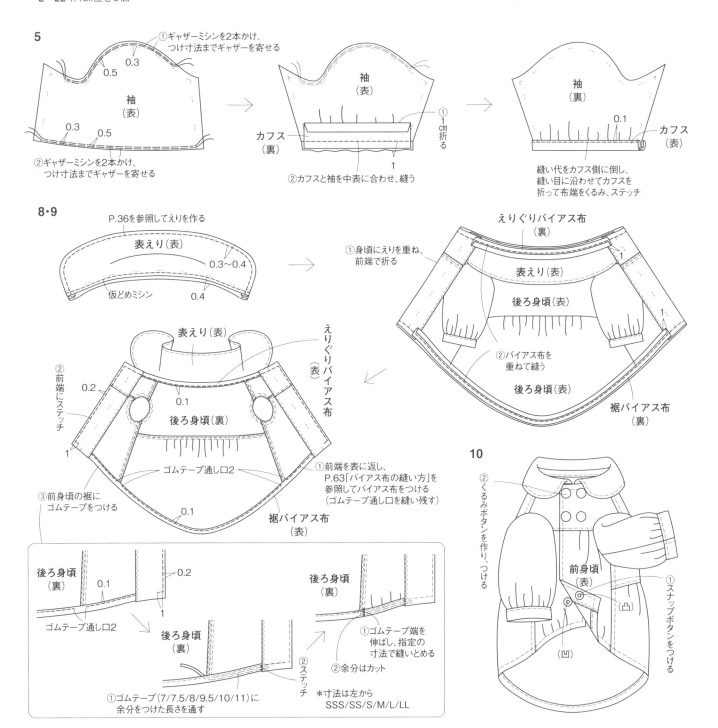

R

Photo : P.22

イタリアングレーハウンドのためのハイネックコート

実物大型紙 D面

できあがりサイズ（cm）

イタグレ	首まわり	胴まわり	着丈
S	30.5	46～50	41.5
M	32.5	48～52	46.5
L	37	50～55	49

材料（cm）

- 身頃表布　ウールドット柄ツイード

148cm幅	S40	M45	L60

- 身頃裏布　プードルファー

145cm幅	S40	M45	L60

- その他
  - バックル　内径横5×縦2.7cmを1個
  - 1.2cm幅伸び止めテープ ⓐ　S 520cm／M 550cm／L 600cm
  - ソフト替えゴム（4コール）ⓒ　20cm

裁ち合わせ図

* ▨ は伸び止めテープを貼る
* 縫い代は表布は1cm、裏布は0.8cm
* ◆＝各サイズの用尺は材料表示参照

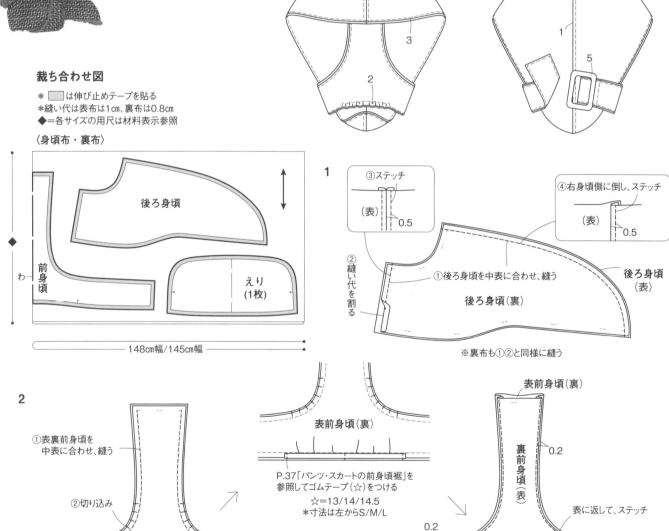

作り方

縫う前の準備 ● 表後ろ身頃、表前身頃、表えりの周囲に伸び止めテープを貼る。

1. 後ろ身頃の中央を縫う。
2. 前身頃を作る。
3. 表後ろ身頃と裏後ろ身頃を合わせて裾を縫う。
4. えりを作り、身頃につける。
5. バックルをつける。

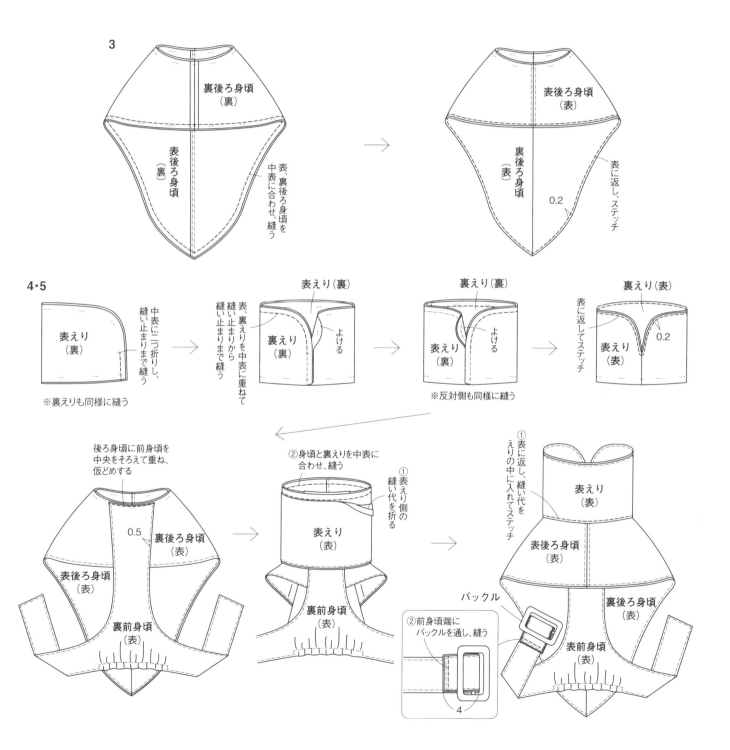

T

Photo : P.24

かぼちゃロンパース

実物大型紙 B面

ロング丈

ショート丈

できあがりサイズ（cm）

小型犬	首まわり	胴まわり	着丈
SSS	25	31.5	23
SS	27	36	26
S	29	39	27.5
M	30	43	29
L	32.5	46.5	31.5
LL	35.5	51	34

材料（cm）

●身頃布

C&S Sunnydays チェック（ブルー×ホワイト）ⓓ

		SSS	SS	S	M	L	LL
ショート	110cm幅	60	65	75	80	85	90
ロング	110cm幅	60	65	75	80	85	90

●その他

●ソフト替えゴム（4コール）ⓒ

SSS〜SS 220cm／S〜M 255cm／L 265cm／LL 290cm

パイピング・バイアス布各寸法（cm）

小型犬	前えりぐり	後ろえりぐり	袖ぐり（2枚）	お尻まわり
SSS	3.5×6	3.5×8	3.5×31	2.5×62
SS	3.5×6.5	3.5×9.5	3.5×34	2.5×63
S	3.5×7	3.5×10	3.5×39	2.5×78
M	3.5×7.5	3.5×10.5	3.5×41	2.5×80
L	3.5×8	3.5×12	3.5×44	2.5×90
LL	3.5×9	3.5×13	3.5×46	2.5×95

裁ち合わせ図

＊縫い代は指定以外1cm
＊パンツ裾の縫い代は左から（ロング丈／ショート丈）
＊パイピング布、バイアス布の寸法は材料表参照
◆＝各サイズの用尺は材料表示参照

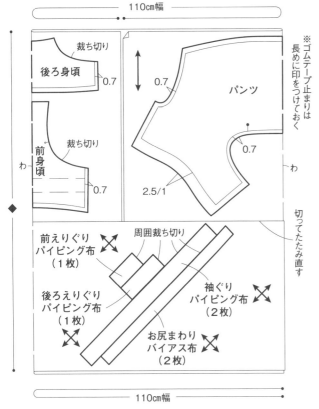

※お尻まわりバイアス布はP.43を参照し、はぎ合わせて1枚にする

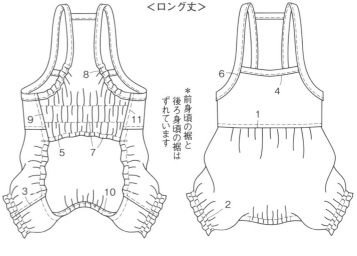

＜ロング丈＞

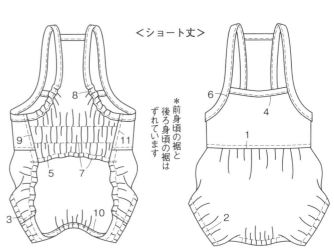

＜ショート丈＞

ゴムテープ寸法（cm） ※お尻まわり以外、2本

小型犬	袖ぐり	お尻まわり	パンツ裾（ショート）	パンツ裾（ロング）	前身頃
SSS	34	60	13	11	5.5
SS	38	65	14	12	6
S	41	70	15	14	6.5
M	44	75	16	14.5	7.5
L	46	80	16.5	15	8
LL	50	90	17.5	16	8.5

※前裾は図内参照。袖ぐりとお尻まわりの長さは、ゴムテープを通すために必要な寸法の目安。

作り方

縫う前の準備 ●前身頃の裾、パンツ裾に縁かがりミシンをかける。

1. パンツを後ろ身頃につける（P.49-1参照）。
2. パンツの裾を縫う。
3. パンツの股下を縫う（P.77-5参照）。
4. えりぐりをパイピングする（P.44-1参照）。
5. 前身頃の裾を縫う。
6. 袖ぐりをパイピングする。
7. 前身頃にゴムテープをつける。
8. 袖ぐりにゴムテープを入れる。
9. 身頃の脇を縫う。
10. 脇からお尻まわりを縫う。
11. 身頃の脇にステッチをかける。

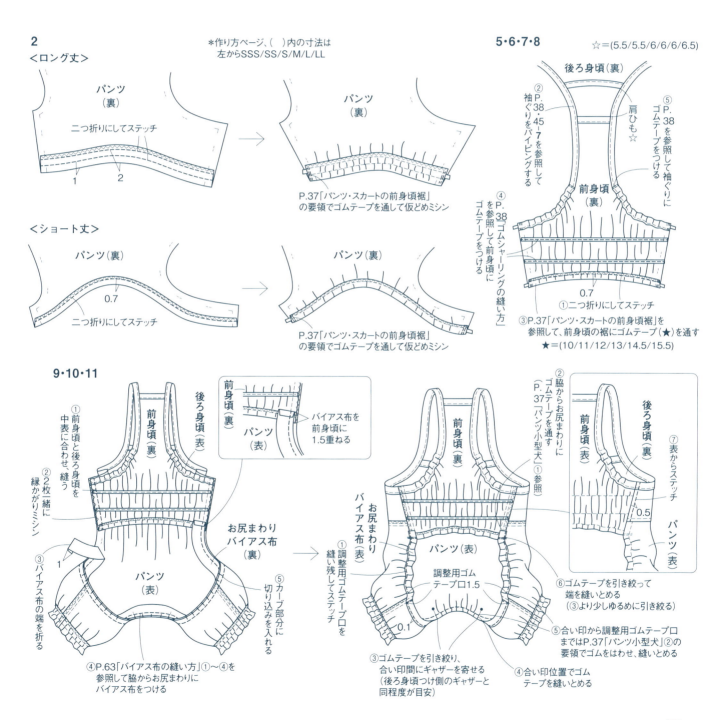

S

Photo : P.23

ペチパンツ

実物大型紙 A面

😺 できあがりサイズ（cm）

小型犬	首まわり	胴まわり	着丈
SSS	21.5	31.5	24.5
SS	23	35	27.5
S	24	40	30.5
M	27	43.5	31.5
L	30.5	46.5	33.5
LL	31.5	51.5	36

😺 ゴムテープ各寸法（cm）

小型犬	前裾	パンツ裾(2本)	お尻まわり
SSS	11	11	75
SS	12	12	80
S	13	13	85
M	14	14	90
L	15	15	100
LL	15	16	105

※お尻まわりの長さは、ゴムテープを通すために必要な寸法の目安。

😺 材料（cm）

- ●身頃布　ジャージカットワークレース（オフ白）

| 96cm幅 | SSS 25 | SS 25 | S 30 | M 30 | L 35 | LL 35 |

- ●パンツ布　C&S 海のブロード ホワイト ⓓ

| 110cm幅 | SSS 30 | SS 35 | S 40 | M 40 | L 45 | LL 45 |

- ●パイピング布　付属スパンフライス 60（オフ白）ⓗ
  SSS ～SS 40×15cm／S～M 45×15cm／L～LL 50×15cm

- ●その他
  - ●ソフト替えゴム（4コール）ⓒ
    SSS ～SS 120cm／S～M 135cm／L～LL 155cm
  - ●1.2cm幅伸び止めテープ ⓐ
    SSS ～SS 30cm／S～M 35cm／L～LL 40cm
  - ●約 4cm幅綿レース

| SSS 75 | SS 80 | S 90 | M 95 | L 100 | LL 110 |

😺 パイピング布（cm）

小型犬	前えりぐり	後えりぐり	袖ぐり(2枚)
SSS	5.5×4.3	7×4.3	21×4.3
SS	6×4.3	8×4.3	22×4.3
S	6×4.3	8×4.3	25×4.3
M	7×4.3	9×4.3	27×4.3
L	8×4.5	10×4.5	30×4.5
LL	8.5×4.5	11×4.5	32×4.5

😺 バイアス布寸法（cm）

小型犬	お尻まわり
SSS	2.5×60
SS	2.5×65
S	2.5×75
M	2.5×80
L	2.5×90
LL	2.5×95

裁ち合わせ図

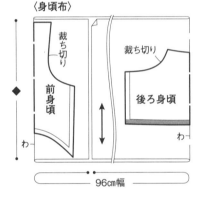

〈身頃布〉96cm幅

* ▓は伸び止めテープを貼る
* 縫い代は指定以外1cm
* えりぐり、袖ぐりパイピング布は P.43の裁ち方図を参照して裁つ
* バイアス布の寸法は材料表参照
* ◆＝各サイズの用尺は材料表示参照

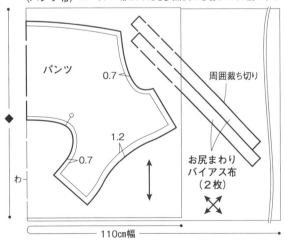

〈パンツ布〉※バイアス布はP.43を参照し、はぎ合わせて1枚にする
110cm幅

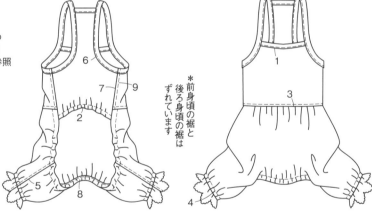

*前身頃の裾と後ろ身頃の裾はずれています

*作り方ページ、（　）内の寸法は左からSSS/SS/S/M/L/LL

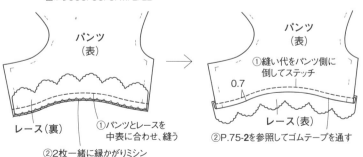

4

5

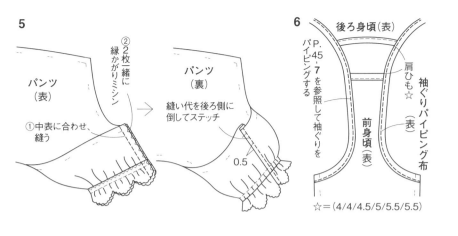

6

☆ = (4/4/4.5/5/5.5/5.5)

作り方

縫う前の準備 ●後ろ身頃に伸び止めテープを貼る。

1. えりぐりをパイピングする（P..44-1参照）。
2. 前身頃の裾を縫う（P.37参照）。
3. パンツを作り、後ろ身頃につける（P.49-1参照）。
4. パンツ裾にレースをつける。
5. パンツの股下を縫う。
6. 袖ぐりをパイピングする。
7. 身頃の脇を縫う（P.75-9参照）。
8. 脇からお尻まわりを縫う（P.75-10参照）。
9. 身頃の脇にステッチをかける（P.75-11参照）。

 Photo：P.25

カフェマットにもなる お出かけスリング

実物大型紙 D面

できあがりサイズ（cm）
約縦26.5×横29cm、まち幅15cm

材料（cm）
- 表布　無地ヌビ生地〈7mmピッチ ラインキルティング〉（セージグリーン） ⓔ　130cm幅×150cm
- 裏布　Play garden-pink コットン生地 ⓔ　110cm幅×90cm
- その他
  - 接着芯 5×70cm
  - ソフトゴム（4コール）75cm ⓑ
  - 2cm幅Dカン　2個 ⓑ
  - 2cm幅ナスカン　1個 ⓑ

作り方

縫う前の準備 ●リード布の裏に接着芯を貼る。

1. タックを縫う。
2. 肩ひもを作る。
3. ポケットを作り、表本体につける。
4. 本体に底布をつける。
5. 表、裏本体を合わせて入れ口を縫う。
6. リードを作り、肩ひもにつける。

裁ち合わせ図
＊ は接着芯を貼る
＊縫い代は指定以外1cm

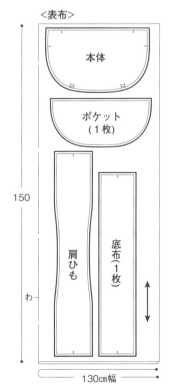

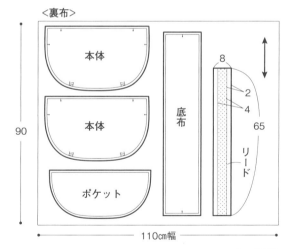

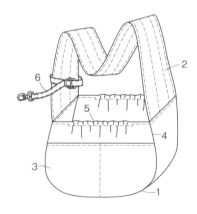

1

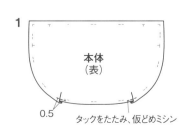

2

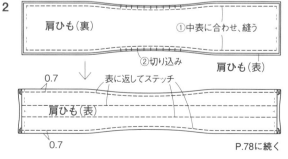

P.78に続く

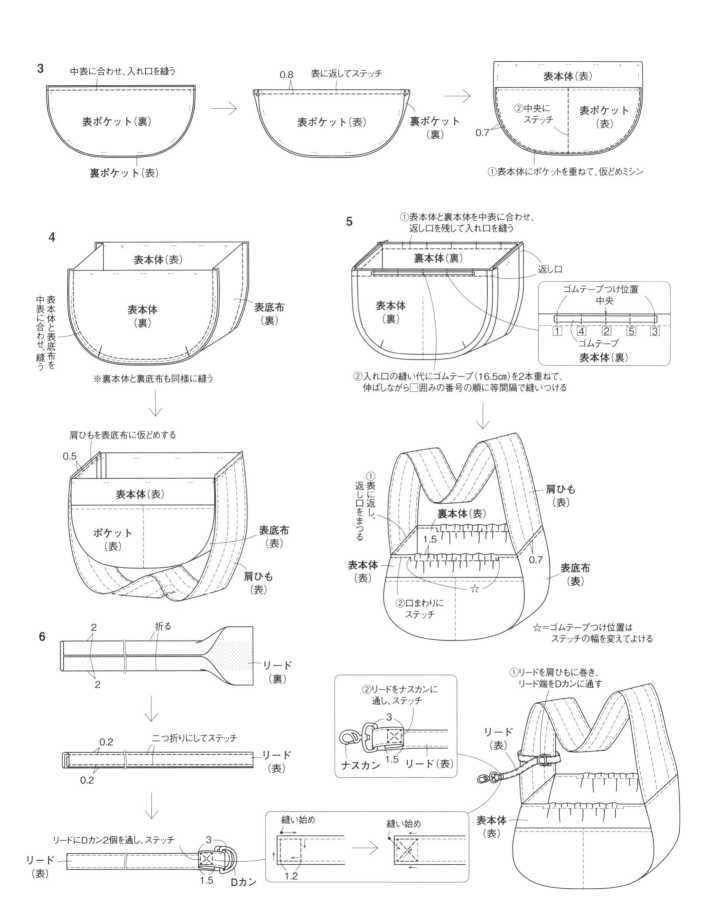

J お食事用スヌード

Photo：P.13

実物大型紙 D面

できあがりサイズ (cm)

	顔まわり	長さ
小型犬S (SSS～S)	約33	24.5
小型犬M (M～LL)	約43	29.5
Mダックス (DSS・DS)	約39	28
大型犬 (S・M)	約69	44

材料 (cm)

- ●表布　リバティ・ファブリックス　タナローン (Michelle／EE) ●

小型犬	108cm幅	SSS 20	SS 25	S 20	M 25	L 25	LL 25
Mダックス	108cm幅	30					
大型犬	170cm幅	40					

- ●その他
  - ●綿ギャザーフリルレース
    - 小型犬　4cm幅 SSS～S 45cm／M～LL 55cm
    - Mダックス　4cm幅 50cm
    - 大型犬　5cm幅 80cm
  - ●ソフトゴム (4コール) ●
    - 小型犬　SSS～S 70cm／M～LL 90cm
    - Mダックス　85cm
    - 大型犬　140cm

作り方

縫う前の準備

●本体の周囲に縁かがりミシンをかける。

1. 本体を縫う。
2. レースを作り、本体につける。
3. ゴムテープを通す。

裁ち合わせ図

*縫い代は指定以外表布1cm
◆＝各サイズの用尺は材料表示参照

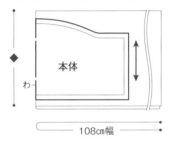

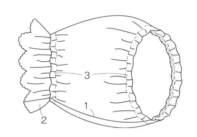

*作り方ページ（ ）内寸法は
左からS/M/DSS・DS/大型犬

1

①中表に合わせ、縫う
②縫い代を割る

2

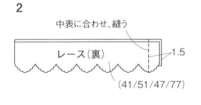

中表に合わせ、縫う
レース(裏)
1.5
(41/51/47/77)

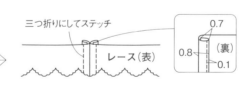

三つ折りにしてステッチ
レース(表)
0.7
0.8　(裏)
0.1

3

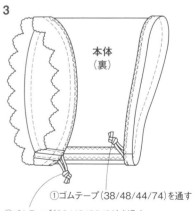

①ゴムテープ(38/48/44/74)を通す
②ゴムテープ(30/40/36/60)を通す

*ゴムテープは首・顔まわりに合わせて
調整して結ぶ（結び目は中に入れ込む）

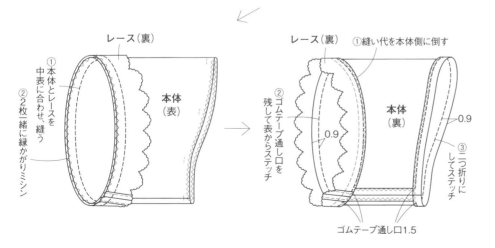

①本体とレースを中表に合わせ、縫う
②2枚一緒に縁かがりミシン

①縫い代を本体側に倒す
②ゴムテープ通し口を残して表からステッチ
③三つ折りにしてステッチ

0.9

ゴムテープ通し口1.5

pon's mom
山本真寿美

2010年にオーダーメイドショップ、
2011年に犬の洋服教室『pon's mom』を立ち上げる。
現在、教室の生徒数は100人以上。
さまざまな犬種の体つきを研究したオリジナルの型紙は、
驚くほど着心地も見栄えもよい服が仕上がると
人気を集めている。

📷 @ponmama2824

Staff
企画・編集／中村真希子
ブックデザイン／平木千草
撮影／清水奈緒
　　　有馬貴子　岡 利恵子（本社写真編集室）
型紙トレース・作り方解説／飯沼千晶
校閲／滄流社
編集担当／山地 翠

Special thanks
小物デザイン・製作／永瀬さやか
製作・撮影にご協力くださった、『pon's mom』の生徒の皆さん

材料協力

ⓐ キャプテン株式会社
　 https://captain88.co.jp/
　 ☎06-6622-0241

ⓑ 清原株式会社
　 https://www.kiyohara.co.jp/store

ⓒ クロバー
　 https://clover.co.jp
　 ☎06-6978-2277（お客様係）

ⓓ CHECK&STRIPE
　 https://checkandstripe.com

ⓔ 株式会社デコレクションズ
　 https://decollections.co.jp

ⓕ 株式会社NAGATO（長戸商店）
　 https://www.nagato-nippori.com

ⓖ ニット生地の通販SMILE
　 https://www.smilefabric.com

ⓗ 株式会社ティアラ（ねこの隠れ家）
　 https://www.tiara-cat.co.jp

ⓘ 生地のお店プロート
　 https://pelote.jp/
　 ✉ info@m-tex.jp

ⓙ リバティジャパン
　 https://www.liberty-japan.co.jp

＊作品に使用の生地は、販売終了となる場合があります。

商用OK！　おしゃれな犬のお洋服

著者　　山本真寿美
編集人　石田由美
発行人　殿塚郁夫
発行所　株式会社主婦と生活社
　　　　〒104-8357　東京都中央区京橋 3-5-7
　　　　編集部　☎03-3563-5361　FAX. 03-3563-0528
　　　　販売部　☎03-3563-5121
　　　　生産部　☎03-3563-5125
　　　　https://www.shufu.co.jp/
製版所　東京カラーフォト・プロセス株式会社
印刷所　TOPPANクロレ株式会社
製本所　共同製本株式会社

ISBN978-4-391-16312-4
©MASUMI YAMAMOTO 2024 Printed in Japan

十分に気をつけながら造本していますが、万一、乱丁・落丁の場合は、
お買い求めになった書店か小社生産部へご連絡ください。お取り替えいたします。

Ⓡ 本書を無断で複写複製（電子化を含む）することは、著作権法上の例外を除き、禁じられています。
　本書をコピーされる場合は、事前に日本複製権センター（JRRC）の許諾を受けてください。
　また、本書を代行業者等の第三者に依頼してスキャンやデジタル化をすることは、
　たとえ個人や家庭内の利用であっても一切認められておりません。
　JRRC（https://jrrc.or.jp/　eメール:jrrc_info@jrrc.or.jp　☎03-6809-1281）

＊本書掲載の作品は、個人的に製作した作品をバザー、フリーマーケット、
　ネットショップ等を通じて、個人的に販売することを作家が許諾しています
　（作り方ページや型紙を複製して譲渡または販売すること、
　組織的な販売や工業的に生産することは許諾いたしません）。